陪伴心理學

黃士鈞（哈克）著

推薦序

一應俱全的豐盛

陳怡璇

你，愛過自己嗎？

二〇一六年的六月，是我人生的重整年，也是初識哈克的季節，他刷著吉他，彈奏著自己的原創曲目〈這會不會是最後一次的纏綿〉，緩緩開口問：「你的生命和愛情，如果有一個元素，是你最後一次和它纏綿，那是什麼？」

躺平大半年的我，迎來年度第一個 punch：「好好活著！」

哈克唱了兩句，接著又問：「你的生命和愛情，如果失去了什麼，你思念的浪花會像海一樣綿延？」

沒想到年度第二個 punch 只隔了半分鐘，我就聽見心底傳來：「生命力。」

席間，我帶著前半生的執著，上前和哈克交談。

「執著是歲月的禮物，不用努力『不執著』，而是『選擇執著』喜歡的就好！」哈克如是說。

這就是哈克的語言、文字最大的魅力——甦活人心。

對我來說，哈克不只是心理陪伴者，更是一位心靈嚮導，他在《陪伴心理學》裡引用達文西說過的話：「一個好的教堂，應該使人感覺到是進入了人的內心世界。」

這樣的句子，轉化成我對哈克的感受，我會說：「一位好的心靈嚮導，會輕輕敲開內心的痲痺，使人眞情湧現。」

這本哈克壓箱底的故事，有夢、有生涯、有催眠、有隱喻，更藏著對每一個生命的寵愛，一字一句的讀下去，你將喚醒「深愛自己」的原由。

（本文作者爲劇作家）

推薦序

哈克限定——特製恆溫湯泉

楊嘉玲

如果你問我，所有認識的人當中，一開口講話，最有魔力的人是誰？我會毫不遲疑地告訴你，這個人絕對是哈克。

與哈克認識了將近十餘載，見過他在啟點的教室裡完成大大小小的工作坊，我非常幸運地可以在第一現場搖滾區，親身經歷哈克的治療功力。就像哈克在書中反覆提到，當年他是如何透過幫外國心理治療大師翻譯，把重要的治療心法給偷偷學起來；某種程度上，我也是透過與哈克合作舉辦課程，見證了怎麼運用語言安放一顆顆焦躁的心。

好多次，哈克一開場，吉他一刷下去，開口講幾句話後，臺下的學員眼淚就開始撲簌簌一直掉。這個畫面對參加過哈克好幾次工作坊的學員來說，並不罕見，可是對新朋友而言，卻是很大的衝擊，心中立即浮起許多問號：「他們為什麼哭了？」「這有什麼好哭的？」「我哭不出來，我是不是很奇怪？」

這時候，如果有機會，我會趁休息時間上前交談兩句：「放輕鬆，剛開始有點不習慣是正常的，哈克示範的是另一種思維模式和生活態度，你不需要一模一樣，你只需要先泡著就好。」

是啊！不管是上哈克的工作坊，還是跟在他身邊一起工作，就像是泡一池很舒服的溫泉，身心舒暢——這是最多人體驗完的感想。而且不知不覺就會被哈克感染，講話變得溫柔，眼睛變得清澈。

寫到這，我想來個故事接龍。哈克在書中的2-1節描述了一個在「電梯裡跳舞的小男孩」，短短半分鐘不到的搭乘時間裡，哈克一開口就安撫了兩個大人的心，同時讓小男孩的獨特，擁有了一個帶著祝福的新定義，翻轉了電梯裡原本緊張、一觸即發的衝突。

我也曾經在電梯裡，見過一位可愛的男孩。

某早，我搭電梯準備下樓遛狗（一隻十六歲的約克夏，小名 coco）。途中，電梯在十樓停了一下，一對年輕爸媽牽著身穿麥當勞叔叔紅色條紋褲、上衣是充滿朝氣的天空藍，眼神靈活有光、約莫五、六歲的小男孩進來。我點點頭和這家人道早安，小男孩留意我牽著狗，用很稚嫩的聲音指著 coco 說：「牠好可愛。」

我很快回應：「跟你一樣可愛！」

男孩聽到後，睜大眼睛說：「眞的嗎？」

下一秒，電梯裡三個大人同時爆出笑聲。媽媽摸摸男孩的頭：「是啊！你不相信喔？」

男孩點點頭，露出靦腆的笑容。同時，電梯門也開了，我輕輕跟他們道別，並在心裡祝福男孩有個愉快的一天。

這一段生活剪影在我心中迴盪了一陣子，我也留意到自己的改變。過往抽離工作狀態後，我是個不太喜歡主動跟人攀談的人。因爲與人連線，對我來說需要承擔許多情緒壓力，所以非必要，若不是學員或一起工作的同事，在人群中，我會盡量低調，避免有太多互動。

但這些年，跟在哈克身旁，不知不覺就學到他那簡單卻充滿祝福的回應，明白了，這份眞心並不是技術，而是一種對生命深深的相信。助人並不需要總是充滿憂傷氣氛的，陪伴自己或他人，只要能帶著一份眞摯的態度，哪怕是平凡的一句話，放在合適的位置，就會產生撼動心靈的波瀾。

想要感受這份強大的語言魅力嗎？現在，就趕緊把這本書帶回家吧！讓哈克的文字，一字一句舒展你的心靈筋骨。整本書是哈克爲你特製的恆溫湯泉，無論你在何時何地，翻開任何一頁，你都會感受到哈克獨特的溫柔，陪伴你更懂自己，也更懂你所愛的人。

（本文作者爲**啟點文化**共同創辦人／諮商心理師）

推薦序

有時陪伴有時農務有時音樂——相傾相隨

方素婷

當哈克邀請我爲這本書寫推薦序時，我想都沒想就以零秒的速度回應：「可是我沒有『名』耶。」

說完當下，我與哈克同時大大聲地笑了好一會兒。然後，他很認眞地說：「素婷，妳看得懂我在寫的東西。」

其實我的懂，是懂哈克有很深的傳承心意在這本書裡，且在這些文章裡，哈克已用自己的眼睛如嚮導般引領讀者進入陪伴場景，看入風景裡的風景。如書內與不同年輕一輩助人工作者的來回對話紀錄，常常是讓我感動的地方。這些散落在各地、用心學習的年輕一輩，傳承哈克阿伯的心法，爲島嶼帶來的溫度呀，一想到這些畫面就有很多暖意與微微笑。

幾年前，哈克移居東部荷鋤爲農；至今，日常餐桌食材已有近半產出於自家土地，自給自足且有餘與親友分享。今年看他與收成的一顆重達六點五公斤的大山藥合影時，那大大的笑臉，眞是好看。耕耘一方豐饒的土地，參與四海因緣匯集而來的種子在地裡變化的祕密，深深佩服他的意志力。

「王神父的心裡，活得很飽滿，碰觸自己碰觸天地很流暢，所以，可以看山看海不看瑕疵。感覺得到天空的色彩，吹得到太平洋的風，可以閉上眼睛飽滿的感受到陽光和月光的愛。」

想起六月初看到一張很美的照片，是哈克從皇帝豆種植區的視角看到的都蘭山。在書裡看著這段文字的我想著，會不會哈克已與帶領他走入潛意識豐富世界的恩師王輔天神父一樣，活得很飽滿，碰觸自己碰觸天地很流暢。所以，可以看山看海不看瑕疵。獨對一山寧謐，俯身謙卑叩向大地，與天地成爲相倚相識的關係。

也是幾年前，他給自己一個重新學習的開始，彈吉他、詞曲創作。創作過程中，修改歌詞、反覆調動五線譜上的音符居處，無數次。日日彈奏練習哼唱扎實打底。如今，自彈自唱一首首爲故事寫下的創作曲，做爲工作坊的結束與開始，已是哈克獨特的風格。

這本書一篇一篇文稿產出自都蘭山下的土地上、回老家路過的高速公路服務區、外地工作短暫停駐的飯店、咖啡館……五十三歲的哈克，一路回望陪伴過的故事，寫下三十年陪伴心法祕訣。閱讀時，我常常停在某些段落，由心升起很大的好奇，想知道大大撼動著我的解構視野，哈克那很底層對人的相信、敬意與慈愛是怎麼來的？像是……

「高高的牆，裡面啊，總是藏著一顆柔軟的心。」

「我猜他應該是在跳舞吧~帶著祝福的命名。」

「當陪伴者擁有了相信，於是才有跟上的力量可以陪伴需要的人。」

「越有良心的孩子，越是想扛起自己生命責任的孩子，就越容易討厭自己。」

秋分後，心裡惦記要幫植栽補新土、施肥。

「不能狂妄的以為你準備的這個有機土很好，就要占據它的世界。這個準備好的外來的有機土，倒到田地裡，倒下去只是薄薄的一層粉而已，連化妝的粉都不夠。」

寒露之日，看著院落一角、年初買來剩餘半麻袋的黑芝麻渣，心裡浮上書裡這段文字，想像半麻袋的黑芝麻渣灑到大片田地上、似微塵與田土不成比例的畫面。

「這裡再來一個深呼吸~吸收的關鍵，不是匆匆的讀過去，而是，深呼吸之後的往身體裡面沉入。」

深呼吸，見到自己的渺小，在生命之前我們眞的只能謙卑。

沒有要讓讀者只看到近三十年的火候。陪伴心理學，哈克在書中細緻引導，讓讀者很有身體感地接收，「帶著感受的學習」出入書間。於是回到現世若被某些景象襲上心頭，在轉角處安靜的用樸實無華的鐵桶，烘烤新鮮蕃薯的哈克阿伯，想傳遞的陪伴火候經驗自然而然的就來到讀者如你我的心裡成爲火種。

最後給所有看到這本書的朋友一個很重要的提醒，當你準備進入Part 3「潛意識工作眞是太好玩了」，不要邊喝水邊看，有濃情有搞笑讓人哭笑很流動的哈克，在這裡。

（本文作者爲諮詢專線志工／努力懂自己的人）

推薦序

共享同一股力量

黃錦敦

哈克將陪伴的能量以詩意文字、好聽故事，如神燈精靈般鎖存於書中。當你拿起這本書，摩擦三下，我想喚醒的不只是這本書的陪伴能量，也將喚醒你自身本就擁有的溫柔金黃光亮。

* * *

幾年前，生命有股轉換能量來到，但要轉去哪裡卻又摸不著頭緒，也因此，那段時間身心特別容易感到艱難。爲了這緣故，那幾年我在海邊長租了一個房間，在幾個難以入眠的夜晚，都是那一陣一陣的海浪陪我安定下來，找回呼吸。

讀哈克這本書，常想起那一陣陣的海浪。

你曾在艱難的時候，有人如一陣一陣的浪，不曾退去地陪你到天明嗎？或者，你在別人艱難的時候，也想用這姿態安穩地陪在一旁？對我來說，這本書沒有太多的技法與系統理論，但滿滿的都在說著關於那一陣陣海浪的種種。我讀了很有感，我就來說說我的這些感動。

容器

想著心理治療，我心裡會浮現一個畫面：當事人走進諮商室，把心裡的那些千言萬語卻常又說不清的種種慢慢倒出來，讓兩個人可以一起看著這倒出來的心事，慢慢沉澱，逐步梳理，等到好像多看見些什麼的時候，當事人才能伸手到這心事裡，把自己想要的取回來。這過程，「如何讓人把心事倒出來」或「倒出來後如何梳理沉澱轉化」正是許多心理治療教導時極其關注的地方。但卻少有心理治療的書籍，好好地談關於「裝載倒出來的心事的這個空間」的種種細節。見著哈克在書中好好談這部分，用情感談，用好聽的故事談，我對他不禁升起了一種謝意。謝謝他願意用文字把這些留下來。

喜歡自己

這陣子我最常讀這本書稿的地方，是家裡院子大葉欖仁樹下的一座木製平臺，我常閱讀到一半時，就跑到一旁的菜園裡，蹲下來看起韭菜花、小黃瓜。哈克書中說起了蘭嶼芋頭，我就想起自己也有美麗的白色韭菜花朵。我想這是哈克的神奇魔力，不論是我們相識多年的互動經驗，或是閱讀此書的許多片刻，聽著哈克說著美好的當下，看見的不只是他口中的美好，也常自然回頭開始看見自己的。

在心理治療裡，讓人把眼神看著問題或看向自己，是兩種方向，兩種目標。在書中，哈克總是帶著我們把觀看問題的眼神更延伸一點，讓人在這過程中看向自己，這是我在本書一再感受到且十分喜愛的。我想，「讓人真心的可以喜歡自己」是哈克的心腸裡，讓我最動容的地方。

視角

四十七歲那一年，哈克跑去學吉他，開始寫自己的歌，我則跑去學衝浪。我們都想多認識另一個讓身心更快樂的世界。

寫歌與衝浪，多麼不同，但這兩者如果也都拿來看人與困境之間的關係，卻可以看出另一番滋味。

生命有艱難，如果能把這其中的種種譜成歌，開始唱，那艱難好像就會被我們唱出另一種質地。歌讓我們記得：在艱難之中，人還是有旋律的。

生命有艱難，像是一道又一道的浪，帶著力度朝我們而來，學習衝浪其實是學習與浪合作，讓我們能在這迎面而來的力量中，滑出一道屬於自己的軌跡。

歌唱與衝浪，說著人們面對困境時兩種可能的視角，這兩者都解構了對問題的單一看法，也都讓我感受到一種生命之美，這是在二十歲剛學習心理治療的我未能想像的視角。

在這本書裡，哈克帶著讀者用不同的角度、不同的距離、不同的方向、不同的溫度，一次次重新回看所謂的問題、所謂的困難，有的如歌唱，有的如衝浪，有的如攝影，有的如種植……我想，這本書可以為許多想多理解心理治療的人帶來許多驚喜。

某種程度來說，我和哈克是不同取向的陪伴者。哈克是潛意識工作者，我則專注在敘事治療。但讀這本書時，我常邊讀邊點頭，包括「接觸情感」「陪他找到屬於他的療癒方式」「帶著祝福的命名」「士要自己翻過」「將眼前的人當成是一部文學作品」……

甚至點頭的次數會多到有種「我們根本是同一個學派」的錯覺。不過仔細想想，這也不算錯覺，我們的用語、技術手法或許有些地方不同，但看著家裡院子牆角的薔薇和大門右手邊的黃鐘花時，會知道雖然它們的美麗看起來不同，但養分卻來自同一塊土地，同一片陽光。不同取向的「名稱」不該成為藩籬，讓我們無法相認彼此都享用的同一股力量。我想，不管你的學派或取向是什麼，只要你想工作的對象是人，而非只有問題（解決），那麼這本書，很值得你拿在手中。

＊　＊　＊

東北季風來了，所有的樹震動著葉子唱起了歌，莎莎莎莎地環繞身邊，感受著斜照臉上的金黃光線，秋天的溫柔就這樣繞進了心頭。

序文先書寫至此，還有幾篇文章，我想好好再讀一回。

（本文作者為敘事治療取向訓練講師與督導／作家）

Part 1

Part 2

帶著祝福的命名　089

Part 3

潛意識工作眞是太好玩了 125

Part 1
助人者的美麗與哀愁

了解一個人，
像是進到一個田間的小屋子，
從天光，從灌溉溝渠，
到屋瓦的顏色，到門框的斑駁，
都是我們理解的入口。

什麼樣的時辰，什麼樣的溫柔，
我們有機會得其門而入，
爲愛留步，碰觸那柔軟的所在。

1-1 爲什麼諮商心理學很值得學？

——「喜歡狗的舉手」

學習，常常是爲了知曉，如何面對那本來沒有出路的生命難題與掙扎。那麼，選擇什麼來學習，讓自己的眼睛更明亮，讓自己的心胸更寬廣，似乎就變得挺關鍵。

當我說「學習諮商心理學」的時候，我並不是說要去讀諮商輔導研究所。諮商心理學這門學問，可能存在於一場眞心動人的演講，可以發生在週末的一個可愛好玩的親子工作坊，也可能某一個午後在誠品書店遇見了讓你駐足的一本安靜的書。

還記得我二十七歲那年，在美國馬里蘭大學上了一堂印象深刻的課，叫做「團體諮商理論與實務」，那是碩士班二年級上學期一門要求很嚴格的課。我還記得碩士班一年級時，就聽過學長學姊帶著敬意和一絲絲緊張說起這堂課的女教授，說她是北美諮商心理學界重量級的教授。

還記得是九月開學的第一週，我帶著忐忑的心，還有其實還很菜的英文，兩顆眼睛左左右右看來看去，踏入那間滿是白人黑人、能容納兩百人的大教室。上課是早上十點開始，九點四十五分，我早早就已經把自己安放在第七排邊邊，一個看似比較安全、不會被教授叫起來問問題的角落位置，鐘響（那時候教育學院的上課鐘，正好就是臺灣垃圾車的音樂聲），硬底鞋跟聲從挑高的長廊傳來「咚咚～咚咚～」的預告來到聲音，一位剪了俐落短髮的女教授，帶著高瘦的身子走進教室。

在回音很清楚的大教室裡，她一開口，就忽然沒有脈絡沒有前後文的，這樣問了現場的同學們：

「喜歡狗的舉手？」（她說的是英文，請容許我暫時充作很粗淺的現場即席口譯。）

哇～大概有一百二十幾個同學舉手，有白人、黑人、西班牙裔，還有全班唯一的亞洲人（就是我），我們都好奇又開心的舉手，雖然都不知道老師爲什麼這樣問，但是都開心得好像摸到了狗狗似的舉起了手，而且還帶著一抹單純可愛的微笑。

「喜歡貓的舉手？」（她說了第二句我竟然聽得懂的英文，我都快要哭了……）

呵呵，大概有五十幾位同學非常堅定又快速的、像是表明清晰強烈偏好的舉起了手，哇~都是很明顯的愛貓人士。從窗口灑落的陽光照在他們或她們的臉上，不知道為什麼，我好像看見舉手的同學們，臉上手上似乎散發出某一種相似的氣質。

短髮女教授停頓了三秒鐘，笑笑的接著問：

「又喜歡狗又喜歡貓的，請舉手？」

嗯，一群同學歪著頭想了一下，上演內心戲的內在對話一番，然後好像在一個安頓了自己的深呼吸吐氣之後，三十幾位同學心裡有了喜愛交集的確定感，舉起了手。

教授望向全場，帶著君臨天下的氣勢同時又帶著和煦的愛，溫柔又堅定的說：

「這樣，你們就已經明瞭了，我們今天第一堂課要講的主題，關於同性戀諮商、異性戀諮商，還有雙性戀諮商。」

怎麼會這樣，怎麼可以、怎麼可以用這麼淺顯易懂的狗和貓，竟然讓兩百個諮商研究所剛入門的學習者，就這樣精采又立體的多懂了一點生命的掙扎和豐盛，這，真的是諮商心理學挺美妙的奧祕呢！

諮商心理學慢慢划進了生命

於是，歲月繼續走……

我在二十八歲那年，經歷緊張又扎實的三年生涯諮商課程之後，懂得了，原來生涯規劃不只是找到一個適合自己的工作，更重要的，是在「活下去」的前提下，讓自己的渴望熱情「活起來」。

三十歲那年，威斯康辛州一位慈愛的老奶奶夏琳．艾克曼（Charlene Ackerman）應邀來臺灣做催眠訓練，那時存款不夠付催眠訓練課程學費的我，硬著頭皮自告奮勇去應徵現場即席口譯。於是，接下來的四五年，一場接著一場高雄臺中十天二十天的催眠翻譯工作，我把老奶奶的英文在工作坊的現場翻譯成中文，然後把現場來自牙醫、精神科醫師、社工、諮商師的中文提問，翻譯成英文給老奶奶聽。

可能因爲要非常非常認眞揣摩，才能翻譯出表達出老奶奶國際級催眠功力的內涵，不知不覺中，老奶奶的催眠語調、催眠語法裡好純粹的對人的疼惜和支持，都悄悄的但完整的種在我的心田。

可能因爲催眠的底子打好了，我的眼睛忽然看見了潛意識工作大大的天空。好多好多年之後，我在潛意識工作的訓練課程裡，都還會帶著木頭地板教室裡的一整群學員這樣體驗：「想像右手的大拇指上頭，好像輕輕的繫著一條細細的線，細細的線上頭是一個輕輕的往上飄的充滿氦氣的氣球，輕輕的氣球往上飄，對～帶著你的右手輕輕的往上飄……」

後來，在剛拿到諮商輔導博士學位的三十五歲那一年，恩師王輔天神父帶我到美國加州找他的老師吉利根博士（Dr. Stephen Gilligan），開始了我後來長長年歲的追隨學習，很喜悅的把「是的，緊張是我，是的，可愛精采也是我，是的，這兩個都是我，我比這兩個還要多更多。」這樣的並存概念學到心底。當並存來到了生命中，慌亂、緊張、自我懷疑其實都還在，但是，同時，有了安頓自己的一帖調理呼吸的良藥，得以安放自己。

四十歲了，兩個女兒陸續來到，活生生的小生命在懷裡，不再是教科書的概念可以照料的。在一個女兒哭鬧不停的夜裡，我想起吉利根博士傳授給我的「把遺落的自己帶回心裡溫暖的家」，深呼吸放下疲憊想放棄的心，我跟自己說：「來～深呼吸，來，抱著懷裡的孩子，帶著愛的呼吸愛著她，同時，也把小時候孤單不知所措的自己，一起手牽手帶回長大以後已經溫暖的心裡的家。」

四十六歲那年，在好朋友錦敦家，被金曲獎得主謝銘祐老師現場演唱感動到不要不要的。因爲太感動了，於是咬緊牙給了自己一個重新學習的開始，用我天生很笨拙的手指，開始學吉他。還很厚臉皮的，在臺南運河旁的樂器行二樓練團室，拜託謝銘祐老師教我詞曲創作。

六、七年之後，帶領解夢工作坊的開場，我總是打開我的創作歌本，唱一首那陣子剛寫的新歌，說說歌詞，於是啊，當歌聲旋律滑落，一屋子的陽光能量來到，月光的溫柔撫慰來到，天空的遼闊似乎也不遠，然後，當整個場子流動又柔軟的時刻，參加工作坊的成員好像不知不覺裡，逐漸靠近，慢慢找到「深愛自己的理由」。

這些在歲月裡學習的諮商心理學，有些是知識概念，有些是生命體驗，在時間的奔流裡，不分先後但彼此相愛的，揉進了一個又一個那個季節的新元素。我常常很開心，可以遇見這門學問，可以遇見這些自己。

強大和柔軟——兩個端點的拉扯

那天在書裡，讀到這麼一段看似苦澀難懂其實很有力量的文字，余秋雨老師在《文化苦旅》這本書裡這樣說：

「中華文化，它確實步履艱難，卻來自於歷史意志和文化倫理之間的深刻衝突。歷史意志要求強蠻、突進、超越，文化倫理則要求端莊、秩序、和諧。兩者都有充分的理由卻方向相反，互相牽制，誰也無法實現自己……」

我深呼吸停留在這裡，心裡想著，哎呀，這兩個端點，不也扎實的存在於我們的成長掙扎裡嗎？左邊的端點，「更強大更超越」，這是一個生存法則底下的**急迫需求**；而右邊的端點，「平靜安詳和諧」，是心底**不可缺少**的氣氛和很想呼吸的空氣。一個那麼急迫，一個又如此不可缺，兩者都有充分的理由卻方向相反，於是互相牽制、彼此掙扎折磨。我猜想，在我們不少人的心裡，這兩個端點的拔河比賽在不同年紀上演著，特別是二十幾到四十幾歲之間，這個拔河比賽好像最激烈。怎麼說呢？

二十歲的時候，未來感十足，征戰四方、出類拔萃的力氣足，於是，只要偏向強大超越這邊奮力的活，就不至於太慌。五十歲以後，生命的山峰看似逐漸到頂，平安著地的和諧景象，有機會在種菜養雞的日子裡迎接到來。

就在這中間的年歲，二十幾三十幾四十幾，時而想要更努力更進步更優秀，時而只想泡湯散步、三五好友吃吃下午茶、買買鑄鐵鍋、逛逛蝦皮。中間這段，這兩個端點之間的掙扎拉扯，似乎是必然，同時，也是一個生命因爲選擇了自己偏向哪邊的比例，而得以精采獨特的原因。

放下余秋雨老師的書之後好幾天，我苦思不解該怎麼面對這個似乎註定要卡住的兩股力量。忽然，一個清晨，東北季風減弱了，而陽光難得造訪的一個清晨，心裡冒出這個帶著光亮的念頭：

「這、這、這不就是我們爲什麼想要學習諮商心理學最精采的理由了嗎？你看，如果兩個端點的掙扎是這樣：

左邊的『生存急迫端點』是想要更進步、更投入更努力、更強大更超越；

右邊的『生命品質端點』是盼望平靜、安靜、寬廣的內在和順暢的能量。

那，學習諮商心理學，不就正好**不用掙扎**這兩個端點的選擇！**因爲，學習諮商心理學，正好就是『更投入更努力』的去體會『安靜的心和寬廣的內在』**。」

這麼一來，不就不用在兩個端點之間掙扎，不需要在「更進步更優秀」和「只想泡泡湯逛逛蝦皮」之間折磨自己的意志力了。

爲什麼諮商心理學很值得學，請容許我用這一整本書，十年來蒐集的好多珍藏壓箱底的故事，慢慢說給你聽。

1-2 情感性碰觸

二〇二二年的第一天，手機裡收到我的好朋友紫千捎來訊息，跟我說，帶領我走入潛意識豐富世界的恩師王輔天神父，高齡九十了，正在勇敢又光亮的行走著生命季節的最後幾哩路。

我深呼吸著，聽著好朋友紫千描述她去探望王神父的畫面，紫千說：

「我們當天在百貨公司，吃完午餐，我推輪椅時，王神父看著周圍賣的東西說：『好多東西，怎麼這麼多。有需要這麼多嗎？』

我說，現代人太孤單，心裡太多不開心，心不安不定，就會一直買東西，因爲花錢買東西會快樂，但是他們不知道，這樣是不會有幫助的。

神父說：『對，所以我們好重要，要幫助他們的心理。』」

哎呀，心裡空空的，和心裡飽滿的，正好是兩個端點。**助人工作和陪伴工作，需要遼闊的陪伴，也需要飽滿的碰觸**。王神父的話語，在靠近生命最後一哩路的時刻，大大聲的在我心底迴盪著，像是寬滿圓潤的銅鑼聲響——

「對，所以我們好重要，要幫助他們的心理。」

王神父這句短短的話語，不知道為什麼，飽滿的碰觸到了我的心，碰觸到了我遙遠的過去，碰觸到了我的現在，好像也指引了未來，鏗鏘有力的噹～噹噹～迴盪著。

想起幾年前，二〇一八年一月二日，我邀請王神父來我東海岸的新家住一晚。我問神父要我開車去高雄接他，還是他想要搭火車來？他笑笑的說：「我喜歡搭火車～」

那天，神父來了家裡！月亮剛升起的時候，我和兩個女兒一起彈奏樂器，唱歌給神父聽，在月色裡，王神父竟然還幫小女兒阿毛看國小的聯絡簿，後來簽了名在聯絡簿的家長簽名欄，很好看的「王輔天」三個國字。

隔天早上，我們從台十一線往北開，去看藍色的大海。王神父倚著石雨傘休憩區的欄杆，看著一望無際的淺藍淺綠又深藍的太平洋，他說：「我可以在這裡，待一整天。」

為什麼王神父可以這樣在太平洋的海邊，待一整天？

我猜，這裡，有個飽滿的神祕配方。王神父的心裡，活得很飽滿，碰觸自己碰觸天地很流暢，所以，可以看山看海不看瑕疵，感覺得到天空的色彩，吹得到太平洋的風，可以閉上眼睛飽滿的感受到陽光和月光的愛。

我想起幾天前，北部的好朋友看了我剛完成的一篇故事小文章，這樣問我：「哈克，怎麼任何東西一到了你手上，就變得飽滿溫煦？」

哈哈，當然不敢當，只是也眞的有點好奇，於是我笑笑的回問：「你覺得是爲什麼呢？」好朋友聰慧又懂我，無縫接軌的說：「可能是**因爲**，第一，你**看待的眼神**充滿了能量與愛；第二，你**珍惜**每一個物件，不管他有無實質的生命，在你眼中它都是活的～」

我聽了，開心的笑著說：「哎呀，你完完全全答對了啦！」我開心的原因是，在這樣的對話裡，我發現，在上面這兩個「因爲」底下，其實藏有一個共通的小祕訣，叫做「情感性的接觸」。

傳遞安心的關鍵配方

這些年來很多助人工作者這樣問我：「哈克啊，陪伴一個人，在能夠眞的深入幫忙之前的準備階段，到底要準備多久才足夠呢？」

嗯，問得眞好！

我常常覺得，要準備到……你眼前的這個人，你**忽然覺得這個人很可愛**。不是你自己變很可愛喔！是當你覺得你陪伴的人怎麼忽然變可愛了起來！不一定因爲你有很強的心理治療技術，不一定因爲你懂了很多人生的智慧，而是，有一個刹那忽然覺得：「眼前的這個人，怎麼這麼可愛！」甚至會期待，下一次又可以趕快見到他／她。

那，人怎樣會變可愛呢？最簡單的原因就是眼前的這個人心裡**不害怕**。那麼，要怎麼樣讓人可以不害怕呢？我們要來練習，穩定的把陪伴者的好能量、好眼光，眞心的傳遞給他／她。我想起泰戈爾的一句很美很美的短詩：

「當烏雲被光吻著時，便成了天上的花朵。」

烏雲，是黑黑的雲，可能是風雨將至的前兆，可能是需要深呼吸才能承擔的時間，烏雲，是每一個需要被幫助、渴望被陪伴的生命，幾乎一定擁有的存在。

而**光**，是陪伴者的一份願意，願意停下原本習慣性的害怕和擔憂，然後做了一個新的選擇，問了自己一個讓好能量可以跳出來的問句：

「今天來給出什麼樣的愛啊，柔軟的愛、有力量的愛、還是溫泉般的暖意？」

「如果把心力集中在聆聽什麼，會讓睡前的我想起來都會微笑？」

「今天，我可以關心什麼樣的脆弱呢？」

「這個時刻，想要給出一份柔軟，來感覺看看落在何處會挺好呢？」

「如果我的可愛好玩可以來到此時此刻，那眞有意思啊！」

因爲這樣的光存在了，於是，即使烏雲密布，我們就有機會一起看見花朵；於是啊，我們可以在太陽下呼吸，在月光裡想像；於是春雨綿綿像是情意綿綿，力量得以在太陽下生長，脆弱得以在月光裡療傷。

身旁幾個做敘事治療的好朋友，他們讓人不害怕的原因，和我不一樣，像錦敦老師、祺堂老師啊，他們很會聆聽，很有耐心的聽故事！他們的陪伴是從故事的細節開始的，他們去聽故事裡面很～深刻的脈絡，於是，「**脈絡性的理解**」是他們帶給個案不害怕的關鍵配方。

一樣是陪伴人，在另一個世界裡，專心做潛意識工作的哈克，很少提及這個「**脈絡性的理解**」的概念。爲什麼？可能是因爲我的左腦沒有很厲害，脈絡細節一多我就搞混了或亂掉了，比如我看電影時，常常需要按下暫停鍵，然後問女兒：「這個人是誰？爲什麼會這樣？」

在學習諮商輔導的路途上，我挺早就知曉，我聆聽複雜故事線的能力不強，於是，我決定沒有要著墨在「**脈絡性的理解**」的世界裡。那，身為潛意識工作者的我專心做什麼？「**情感性的接觸**」，是二十幾年來，好珍貴的選擇。

如果一個小小的自我介紹就讓人安心

怎麼開口說話，可以有情感性的接觸，可以讓人家**安心**呢？下頭，用自我介紹來做一個小例子：

「大家好，我是哈克，今年五十三歲，一九六九年在臺中的一個小鎮出生，我是一個鄉下孩子，有些時候很害羞，可是我很努力，我一路上都把握每一個機會好好學習。我很～愛打網球，很喜歡流汗的感覺，我喜歡唱歌彈吉他，我有兩個女兒，一個讀臺東女中，一個讀均一中學。我一九九八年從美國念完生涯諮商碩士回到臺灣，我特別喜歡解夢和引導冥想。」

短短的一段話語，我們眞心的想辦法，想著有沒有機會，當自我介紹說完，對方就安心了一點點。情感性的接觸，透過清楚、明顯又外顯的話語，讓聽者在心裡自然又輕鬆的出現這樣的聲音：

「ㄟ～我也是耶！我也喜歡流汗～我喜歡做瑜伽！」
「對ㄟ，我也覺得自己很像還是一個鄉下孩子，容易緊張又害羞。」
「哈克的女兒讀高中，呵呵，我的兒子也正好讀高中呢。」
這些心裡頭的「我也是」「我也喜歡」「我也覺得」，看起來沒有什麼了不起，可是，卻是後來深入幫忙時，很重要的基底，「帶來安心感的情感性接觸」。如果，現在讓你寫一段五十個字的自我介紹，你會如何安排放進哪些話語，說不定可以帶來安心的情感性接觸呢？
說不定，你可以試試看這個句型：「我喜歡……」
就像在我心裡，我想永遠記得的，王神父幾年前，笑笑的說：「我喜歡搭火車～」

1-3 諮商輔導能提供百分之多少的改變

年輕的諮商師在秋天的風裡這樣問我：

「哈克，我想問你，最近陪著許多身心狀況特別不好又動彈不得的學生，身處於這樣的情境，總有種無力感，不確定可以怎麼幫忙學生，而學校的其他單位卻寄予厚望在我們身上，彷彿諮商輔導的介入就能救贖一切。」

蹲坐在小椅子上，戴著農作手套的雙手，我一邊翻攪著單輪推車中的粗糠、有機土、草木灰，一邊回應：

「一個需要陪伴幫助的人，除了諮商師、輔導老師之外還有很多的其他資源可以幫忙他，像在影集《四樓的天堂》裡面，推拿師傅是療癒的資源，舞台劇導演也是資源，半夜在牆壁上塗鴉創作也是非常精采的療癒資源。**你覺得，你能協助學生的部分，可以**

佔這所有療癒資源的百分之幾？」

年輕的諮商師歪著頭想了想，回答說：

「一％到一○％（年輕的諮商師後來說：自己也沒有想到會這麼低耶！）」

呵呵，眞好。我心裡這麼想：這麼年輕，沒有把自己對於改變的責任和能力過度膨脹。看到自己只能負責一％到一○％，這眞是一個非常好的消息呀！

我呢，做了這一行也二十幾年了，我心裡的答案是介於一○％到十五％之間，剩餘的八十五％到九○％，要靠其他人還有環境裡的其他療癒資源一起幫忙，我們很可能需要有一個心念，將責任和貢獻，如其所是的還給諮商輔導以外的療癒資源。

一個人他如果從小拜媽祖、信天主、收驚、觀落陰……這些這些那些那些，都是好源頭好核心的資源。同時，生活裡，每個人都有他療癒的方式，按摩是一種、釣魚是一種、養動物、泡溫泉、衝浪……都是。就很像戴口罩可能幫忙三成、打疫苗可以幫忙五成、邊境管制可以照顧一成……每一個環節，都只能做好自己如其所是的那百分之幾。

我啊，停下混合有機土的雙手，先把犀利理性的思緒收起來，讓溫暖來到我的眼睛，讓柔軟來到我的心頭。

看著眼前年輕的助人工作剛起步的孩子，我深呼吸一口氣，專注又柔和的說：

「你沒有能力去負責一個學生改變的百分之五十，同時，你可以做的是：陪著正在受苦的學生，找到屬於他的療癒方式。在他的文化、在他的成長歷程、在他的興趣喜愛、在他的休閒娛樂裡，陪伴他，找到屬於他的療癒路徑。」

說到這裡，年輕的諮商師眼眶紅了，他深呼吸一口氣，說：「好像面臨的環境一樣，可是，心裡頭的責任和無力少了一些，我不用縮小，也不用刻意誇大我的責任和能力，我猜想，我能做的是，陪著聽著也很好。幫他們疏通各個系統，讓資源可以進駐……也可以陪著他們找找看屬於自己的療癒方式……」

哎呀，在生命的這個季節，能夠和年輕的一輩這樣對話，我打從心底珍惜著。有這樣眞心的孩子願意學，這個島嶼就會擁有更多光亮。

屬於個案的療癒路徑

接著往下說，「陪他找到屬於他的療癒路徑」，於是我們好奇，在長長的時間的河流裡，有沒有哪裡存在著眞的會幫助到一個學生的療癒路徑，有什麼樣的方式可以尋找並標注出來，像是在 Google Maps 上頭找到那幾條可以清楚標注出來的路徑。

諮商輔導的不同學派，其實都有各自的專心。二十幾年的投入學習，我也只粗淺的懂了一部分的潛意識工作。我猜想，我這輩子也大概只能在這個領域繼續耕耘。同時，我認爲潛意識工作裡，「引導冥想」（Guided Imagery）是其中一個探尋療癒路徑的好幫手。我們來看下頭一段很短很短、看似平凡無奇，但其實有點厲害的引導冥想手稿：

冬天的早晨，空氣特別安靜。拿個小木凳，蹲坐在菜園裡。

抬頭右邊望去是雲霧繚繞的都蘭山，而不遠處的東海岸，金樽國際衝浪賽的喧囂，似乎於我無關……

於是啊，一個小時，用食指和大拇指，一採一採，收集整個籃子專心的萵苣。

如此看似生活看似簡單的描述，如果搭配上安靜又遼闊的聲音，唸著唸著這段文字，聽者啊，不知不覺中，很有可能就會在心裡跑出自己的內在對話，像是：

「哦！比賽的喧囂——無關緊要?!」

「那……什麼，在我的生命裡，其實無關緊要，但我卻依然緊抓不放呢？」

「專心的萵苣？這是什麼東西呀?!」

「（深呼吸～）哎呀，如果無關緊要的放下了，眞正值得我專心採收的，會是什麼呢？」

很有趣吧！潛意識工作裡的輕巧小技法引導冥想就是這樣，看似蜻蜓點水，看似無中生有，看似朦朦朧朧，看似東扯西扯。卻，在流動又安靜的聲音裡，我們的潛意識，會極其直接又能量飽滿的，尋找著「讓生命得以繼續生長」的神祕配方，還有精采的秘密成份。

於是，我們並沒有增加負責的%數。我們學會輕輕柔柔的提問、說可愛的小故事、說說心情也說說畫面。不知不覺中（其實只是意識不知不覺），潛意識即將發動屬於自己的那個「生命本來就會尋找出路」的力量。

關於尋找出路，尋找療癒的資源管道，來說一個很可愛的小故事。

在春雨綿綿的清晨打椿

清早東海岸飄著小雨，送小女兒上學之後，我穿著雨鞋戴著防風防雨的帽子走到南瓜坡地旁，那是皇帝豆收成之後，我正在一天一天慢慢開墾的蘭嶼原生種芋頭田。

今天的**時間投入**挺**新鮮**，叫做「打樁」。

朋友一年前送給我一株小小的芋頭苗，不知道要種哪裡，就在一個小角落隨意種下。三百多個月亮和太陽之後，清涼的露水似乎偷偷的照顧了原本好陌生的彼此，芋頭綠綠的大大的葉子竟然已經快要到我的肩膀了！

在土地上，晴天雨天適合做不同的事情。春雨綿綿，正好來試試看沒有試過的，幫芋頭「打樁」。

「打樁」是一個很彎腰的活。蹲下身子，穿著長褲的右腳膝蓋直接抵著土壤，然後伸長脖子像躲迷藏似的鑽到芋頭大大的綠葉底下，用戴著手套的右手左手把芋頭主幹根部旁的側芽小苗搖搖搖，連著小小的根一起搖搖搖搖出土面來！

這就叫做「打樁」。把那些會搶走主幹芋頭珍貴養分的側邊小苗搖下、剝下、拔起，像是「打去旁支」，因而「固好了主樁」。

很不熟練的五十幾歲的我，在大大的芋頭葉子遮蓋而不見天日的土壤上，認真的辨別著哪裡有旁支小苗，然後在濕潤鬆軟的這個早晨，試圖找到合適的角度和力道，把小苗從主幹旁拉起抽開，同時又保有後來小苗還可以繼續生長的細根。半個小時之後褲子已經沾滿泥土，蘭嶼原生種芋頭的主幹越來越清晰了！接著，收集好旁支小苗們，移植到新的一畦畦。

最後，推著單輪車，把一整個冬天收藏的落葉揮霍奢侈的全都給了那終於固好了的主椿。

很奇妙的是，做的是農，竟然在荷著鋤頭往回走的路上，心頭出現的是這句古文：「博觀而約取，厚積而薄發」。

我想起認識很久的一位很良善的學生昶嫻，最近幾年在國小代課。有一天的早上，她這樣和我說：

「哈克，我這次去代課，遇到了好幾個感動。一個小男孩，老師說他到目前爲止都只會簡短回話，講話小小聲的男孩，竟然會主動開始跟我聊他課後時間的安排，讓我好驚喜！」

這樣單純善良的代課老師，這樣善良願意的愛孩子，是多麼美好的「固好主椿」啊！我聽著聽著，很眞心的這樣說：「妳，正安靜的在這個島嶼的一個角落，把自己變成一個禮物。」

我想起另一個很可愛的學生這樣說：「帶著安靜的心陪著一顆心就像是『打樁』，而自己的心混亂不定、耗損時，就像是『打地鼠』了！」

親愛的朋友，打樁、打地鼠、打拍子，打擊犯罪，哪一個真正吸引你呢？

親愛的朋友，生命裡，有沒有一個、兩個，或三個主幹主樁，正呼喚著你呢？親愛的朋友，如果你正在陪伴一個孩子，你猜，在哪裡蹲下身子，安靜的呼吸，即將有機會陪著他一起在落雨的清晨打樁？

1-4 牆裡開出一朵花，沿著花兒走進去

我有時候會覺得，人的心裡有兩道牆。

外面一道牆，外牆，是「不知道這樣的我，能不能呈現給別人看？」

裡面一道牆，內牆，是「不知道……這是不是眞正的我？」

兩道心牆的外牆

有時候，爲了保護身心安全，或者只是單純盼望擁有一份安全感，外牆，需要又高又厚，隔開、架開了我們和別人的距離。外牆的內在的對話很可能是類似下頭這樣：

「如果你不懂我的脆弱（怕孤單、半夜醒來睡不著），那，你就靠近不了我。」

「如果你看不見我的堅持（不怕衝突、捍衛信念），那，你就無法真的感受到我的善良。」

「如果你不能擁抱我的羞怯（怕生容易緊張、需要時間慢慢熟），你就看不見真摯又有點調皮的我……」

「如果你不能迎接我的很直接（表達清晰、不包裝、不拐彎抹角），你就碰觸不到我澎湃又柔軟的心。」

「如果你不認識有趣好玩的我（喜歡看動畫電影、超級享受甜點的美味），那，你就無法接近真正可愛的我。」

如果，陪伴一個人時，想要越過他**高聳又厚實的外牆**，我們有一個畫面可以想像，這個畫面有一個名字叫做：「要先**駐足**」。

駐足，停留，在牆下安靜又好奇的等待，再好奇，再等待，好像正在那高高的牆下呢喃著好奇：「ㄟ，這裡有一道牆耶！不知道裡面有沒有被遮蓋的美麗？」

我想起二十五年前在南臺灣的大學教書時陪伴過一個孩子，這個孩子，老師們都很擔心，他被貼上好多指責的標籤，像是不上課、不參加社團、不合群……

那一年，我一有空，就在下課的時候陪著這個孩子去學校旁邊的小樹林散步，他不太說話，剛好，我們是在散步，所以不用一直說話，大自然好像一直安靜忠誠的在那裡陪著我們，伴隨著樹木的光影和風吹過的聲音……

忘了是第幾次和他散步了，我忽然想起歐文・亞隆（Irvin D. Yalom）書裡曾經提過的一個方法，我想說既然那麼多次散步都沒有眞的能夠懂得這個孩子，那就來試試看北美心理學大師的小絕招吧！

「ㄟ，同學～老師有點好奇，你過去二十四小時，是怎麼過的？」

「沒有啊，就很一般啊。★」

「說說看啦！昨天的這個時候，到今天早上上課前，你做了哪些事，遇到了什麼，說說看嘛～（哈哈，我都已經像是撒嬌一樣的語調說了）」

「喔……好，（可愛的孩子歪著頭想啊想，然後說）我……下課去吃飯，然後去書局逛逛，然後……**啊～對了，昨天晚上，剛好是每個星期二的晚上**，我半夜兩點到三

★陪伴者小訣竅

上面那樣的句點式回答「沒有啊，就很一般啊」，千萬不要輕易就被一拳KO打敗，更不要輕易就放棄追問。必要的時候，撒嬌、搞笑、東敲敲門把西碰碰窗框都很棒的。

點都會聽一個很好笑的廣播節目（孩子的聲音開始上揚），那個節目超好笑的超白痴的……」

在這樣的停留駐足中，忽然，在那方寸之間，看見了。看見了一朵花悄悄的開在外牆上，從圍牆裡面長出來，長到圍牆外面一點點……

「喔！老師從來都不知道你喜歡聽廣播耶！多說一點好不好？」

於是啊，如實的存在，帶著愛和喜歡的光線，照耀眼前的**這個眼睛難得發亮的孩子……**那是一朵花，驚鴻一瞥的從牆裡長出了牆外，那是一陣風就可以把它吹回去的。

同時，因爲駐足了，停留了，好奇了，於是可以順著花兒長的方向往回找，於是，忽然輕輕巧巧的越過了原本高高厚厚的外牆。

「那個讓你半夜兩三點會哈哈笑的內容，說一點給老師聽好不好？」

「哈哈，好啊，那兩個主持人眞的很白痴，超級好笑，其實就是生活中的亂抬槓，可是我常常聽著聽著就好開心喔～」

幾年之後，陸陸續續從不同的地方不同的人那兒，聽到這個孩子的消息。他寒假去參加了廣播電台舉辦的夏令營，體會了一日電台小ＤＪ，畢業前他選擇去警察廣播電台實習……

十幾年後，我驚喜的收到他寄來的一封電子郵件，我觸動的發現，是我剛出第一本新書時在臺北接受電台專訪時的廣播內容。這個孩子長大以後，竟然用專業的聲音剪輯，柔軟又溫暖的襯上了鋼琴配樂，細心的爲我好好留下珍貴的電台訪問紀錄。是這個後來越長越好的孩子，讓我第一次立體的感受到那牆裡開出一朵花的風景。

高牆，外表看似武裝看似阻擋，不知道爲什麼，我卻很底層的相信，那高高的牆裡面啊，總是藏著一顆柔軟的心。

於是，如果有機會看見一個孩子「說到哪裡忽然明亮一剎那的眼睛」，或者聽懂了這個孩子「昨天和今天有哪裡一點點不一樣」，那麼，我們就看見了一朵花悄悄的開在圍牆上，像是從圍牆裡面長出來，長到圍牆外面一點點，於是啊，可以順著花兒長的方向往回找，然後，輕輕巧巧的越過了原本高高的牆。而那眼前的孩子，他心裡如實的存在，有了愛和喜歡的光線照耀。

我的學妹綺祐，一位很眞摯的諮商心理師，我很喜歡她的一段話語：「心理諮商就如同一雙溫暖的手，適時的伸出手，接納；適時的推出手，賦能；適時的放開手，祝福。」

兩道心牆的內牆

來說說內牆，「不知道這是不是眞正的我？」。這是難度更高的，同時也是學習陪伴時最需要專心越過的高牆。這個高高的內牆，很需要很需要的陪伴的品質，是溫暖和柔軟帶來的安心。

我想起曾經讀過一段瑞雀・娜歐米・雷門（Rachel Naomi Remen）說過的話語：

「鬥牛時，場中有一處公牛覺得安全的地方，倘若牠能到達此地，就會停止奔跑，能夠聚集所有的力量，不再感到害怕……這個公牛的安全處所就叫做奎倫西亞。（querencia，西班牙語，代表一個不受環境影響，僅僅屬於自己休息的空間）……」

關於奎倫西亞，來說一個眞實發生的故事。

那個冬天，出門帶工作坊好幾天，晚上忽然身體很不舒服，心裡擔心著不知道如果更不舒服需不需要去急診，人生地不熟，害怕整個湧入。電話裡，十二歲的大女兒黃阿赧聽出爸爸的聲音不太對勁，她關心的說：

「把拔，你怎麼了？」

我虛弱的跟女兒說著我的害怕擔心。電話裡，女兒極其溫暖溫柔的，說出讓我熱騰騰的淚水瞬間落下的五個字：

「把拔不要怕。」

我，有時候眞像那隻疲於奔命的公牛，只是瞬間一個剎那，**在女兒的關愛中，抵達了尋找已久的奎倫西亞**。

因爲被溫暖包圍了，安心來到了，於是，有了一個地方，可以停止奔跑。然後認出了這個自己：「喔～原來生病時的自己，眞的脆弱啊。」於是，得以越過高高的內牆：

「不知道脆弱，是不是眞正的我？」

「是啊（深呼吸來到），生病時好脆弱，是眞正的我。」

就在那深呼吸來到的剎那，有了一份懂得，於是，人和自己，終於連上了。如果你願意，可以找一個安靜的空間，想像下頭的畫面，這樣的想像，說不定很有機會可以在下一次的生命遇見裡，陪你越過高牆：

「大大的天空下，有兩道牆，高高的厚厚的，好像怎麼也走不進去啊……於是啊，先在牆外牆下駐足等待著吧，呼喚一下心裡那好奇的心、好奇的眼睛，也呼喚曾經擁有的暖意和柔軟，帶著微笑，東看看啊西望望，駐足，等待著。

忽然，一朵小花終於願意探頭，越過荒涼的邊界，延展出來……看見了！於是來凝視吧，像東海岸清晨的第一道曙光那樣柔和不刺眼的凝視……

不知道你知不知道，一朵小花要變成美麗的花園，需要大塊的時間生長，需要大自然的力量、撫慰和滋養……

也好像是釀一罈酒，在時間歲月中發酵，於是有一天，香醇濃烈的酒香終於『啵～』一聲的來到……

我很喜歡的作家傑克．康菲爾德（Jack Kornfield）這樣說：『我們身邊所有人的**心裡，都有一塊美好的園地等著被觸及……即使在不確定中，也能仔細聆聽別人的需求，會產生更深遠的力量。**』

一個冰雪聰明的工作坊學員這樣生動的描寫：『相信可能、相信美好的園地存在，就好像《美女與野獸》中，冰凍的城堡裡仍然有綻放的玫瑰一樣。』

於是，我們祝福著，我們等待著，那終於爬過高高的牆，終於越過荒涼的邊界的生長。」

1-5 遇見冰火同源的孩子

愛的光譜

如果不能愛，那就關心；
如果不能掛心，那就想念；
如果不能想念，那就想起。
如果情感沒有辦法流暢的傳給他，那就傳關心給他；
如果不能幫到他的改變，那我來參與；
如果不能參與，我就當個聽者就好。

在心理諮商這門學問一浸泡也三十年了，我發現，這門學問其實很看重「與人的親近」。

要能與人親近，需要又眞實又可愛，需要能親近自己又情感流動，還要表達清晰。要與人親近還有一個地方很難，就是要能自我負責承接自己的情緒，不讓情緒排山倒海的淹沒身邊的人，要能與人親近，還需要……@＃$％。

我如果繼續寫下去，正在讀這篇文字的你，可能會越來越辛苦，因爲，長長的接下去的描述，會讓讀著的人好像無盡頭的覺知了自己哪裡還不夠好、哪裡還不夠負責、哪裡還不夠成熟……

所以，這樣繼續說，不會帶來幫助。這樣說，只會帶來壓力。

我們來做點比較有意義的事，我們來練習很有意思又功能強大的「意念破題法」。這裡，先來**直接破解第一個**：「與人親近，我們需要學會接觸自己的情緒」。

從小，我很容易哭，很容易生氣，很容易緊張，很容易焦慮，也很困難把自己的感覺想法說清楚，因爲內在情感那麼澎湃……我猜想，我的國小三四年級的導師，應該不只一次懷疑，黃士鈞是一個有情緒障礙的孩子。

我在心裡，看著那個七歲十歲十五歲時的自己，那個情感澎湃，敏感深情的孩子，當然還沒有學會表達，當然也還不知道怎麼接觸自己。於是，當時的年輕的我，眞的離「情感通暢、眞情流露」離得好遠好遠。於是，在幾次試著要情感炙熱的表達之後，被處罰被責罵。然後，忽然，縮起來冰起來藏起來，像是放入急速冷凍庫裡的生鮮，忽然冰凍了、外表的纖維都瞬間收縮起來固定不動了。

我偶爾會想起國中時的自己，會在某一天的早晨或某個星期的星期一，忽然決定：「**今天一整天，或這整個禮拜，我都不要開口說話。**」把自己完整的關閉起來躲藏起來冰凍起來，因爲，這樣才能保證自己不會失控。

炙熱的心，卻需要做出冷凍冰藏的決定，如此冰火同源的孩子，不知道你認不認識……回憶起四五年前，那是工作坊散場的傍晚，一個常來上課的社工在我整理麥克風的時候，坐到我身旁，這樣問我：

「哈克，我有一個學生陪了兩個學期，我在猶豫，我要陪他第三個學期嗎？因爲這段時間我和他一起找了很多路徑，碰壁了，又持續回來，好像沒有找到方法。在想著，要繼續陪下去嗎？這樣會不會太耽誤人家啊～」

「**他喜歡你嗎？**」我一邊整理麥克風音箱的的電源線，一邊問。

「好像喜歡耶～因爲他來談很穩定，即使不一定眞的解決了問題或是立即對某個狀態有改善，但他就是很穩定的來～」

我從他一年級上學期的期中考之後就開始陪他，他很辛苦，是一個把感覺整個關掉的人。他一年級的時候，我常跟他講『感覺關掉』這件事情，他很可愛，雖然表面上沒有說要做什麼，卻在暑假的時候做了一點嘗試……『既然老師都這樣說我，那我拉一點感覺回來。』

結果，拉一點感覺回來之後，就山洪暴發了。

一年級下學期，各種負面情緒不斷冒出來，情緒閘門忽然關不起來了，影響他好多的生活，所以，他**花更大的力氣**去把這些東西再關起來，才有辦法繼續他的人際、課業和生活。我們這學期就結束在一個狀態，他把自己整個關掉，但是生活運行得很好。」

我停下手邊的忙碌，凝望著眼前如此關心孩子的社工，心裡升起一種暖意，讓我覺得，這座島嶼的現在和未來眞的很有希望……

我好奇的往下跟：「整個關掉！**他怎麼關的，這麼厲害？**」

「我也覺得很厲害，他的關，是連吃飯和睡覺的感覺都關起來了，睡不著也沒有食慾。**我覺得我們的關係有建立，但我卡在不知道該如何繼續幫忙下去，**好像某些東西可以討論、可以繼續談。可是人家都這麼穩定的來談，我卻不知道自己有沒有辦法幫忙到他。」

眼前的社工，熱騰騰的心，這麼忙碌的工作，假日還自己掏腰包來上課進修，真是用心活著的生命啊……我繼續說著：

「這像是盼望自己有貢獻或是能幫到什麼。你知道嗎？這是很正常的心情，也很合理、很人性的，心裡想著希望自己可以幫到點什麼。

現在的難題是難在這兩個端點，『接觸感覺』或是『關閉感覺』。

當你看見他關閉了自己，就很自然會想要鼓勵他去接觸情緒，可是他接觸情緒了，卻像是炙熱的岩漿很不好控制。這樣的孩子，似乎**只有『火山沉寂（冰）』或『火山爆發（火）』兩種，暫時找不到中間的那種溫泉緩緩湧出的，熱氣裊裊的享受舒服狀態**。

這個時候，陪伴者，可以停下來想一下，什麼是 long-term intention，什麼是 short-term intention。什麼是長期目標，什麼是短期目標。

這個孩子啊，看起來你已經試過，也體會到了，**熱烈似乎不是他現在的出路**。當你發現**什麼不是他『現在』的出路**，你就知道，這是修改短期目標的好時機。

於是，把像是溫泉緩緩湧出的那幅『情感傳遞溫熱又流暢』的畫面，甘願的留給長期目標吧，這個溫熱的美妙情景，說真的，很有可能會在十幾年或二十年之後緩緩來到。

而短期目標呢！這是可以好好工作，可以滾動調整的地方。一年級晤談時，原本是希望能把關掉的感覺，打開。**現在知曉了**、**體會了**，哎呀，這個短期目標需要修改了。**不是做錯了喔**，**是知曉了**、**體會了**，**於是**，**是時候來修改了**。重要的是，前面一起走的那條路不是冤枉路，那是你**參與**了他生命的發生。」

「喔?!參與~這個角度我沒有想過呢……」受過學院派嚴格訓練的社工，當然會用心努力的思索諮商晤談改變的有效性，於是，這時候歪著頭思索的社工，開始觸碰著陪伴專業一大片新的疆土、新的天際線了！

是啊，參與，這個概念我二十幾歲時在美國讀研究所時，修了家族治療的課，當時，好震撼我的一個名詞，就是「參與」（Join）。年輕的社工這麼有興致學習，我很開心的繼續往下說：

「對啊，參與，Join，我有時候會覺得，參與，好像比改變或進步，還要更深刻呢！用數學式子來說，好像是這樣：

參與 大於 改變進步。

來說一點什麼叫做參與~我在想，你要不要試著，站在『**你陪了他兩個學期**』的時間位置上看**未來**，而不是站在他一年級上學期來找你的時間位置看現在。

當你站在他大一上學期的時間位置來看現在，你就會很容易去擔心說，是不是沒有幫到他，是不是人家每次都來，可是我好像做不了什麼，於是扎實完整的困在『諮商晤談有沒有效』的這個煩惱點上頭。

如果換個視角，站在『你陪了他兩個學期』的時間位置上看未來，你會看到的是：嗯，我發現他沒有接觸自己的情緒，**ㄟ**~我鼓勵他，他去試了，爆炸了；**ㄟ**~又努力控制關起來，喔……

我看過**封閉的他**（拼圖1），我看過**熱烈的他**（拼圖2），我也看過**無法支撐情緒但能支撐生活流程的他**（拼圖3），這三個他，我都參與了，我都真的看過了。（拼圖的概念，在4-2會完整的說明。）

這樣，看過三種他的妳，正好就是真的參與了他的生命的發生，妳參與了，同在了，懂了**封閉冷藏拼圖**的他，懂了**熱烈情感拼圖**的他，也懂了**奮力HOLD住拼圖**的他，懂了這麼多張重要的拼圖，你當然適合陪他。

你是在一次又一次的晤談裡聽他講，你懂了好多不同拼圖的他，我猜想你很適合繼續接這個個案，**因爲你參與了他的生命**。

你可以鼓勵他接觸其他資源，但是請不要撤掉你的陪伴，你可以鼓勵他去讀錦敦老師的書，你可以在網路上找很好的影片或podcast跟他一起聽，讓資源進來，但是不要撤掉你的參與。」

「喔……（這個喔～的聲音似乎直直的往心底走～）」年輕的社工，眼睛亮亮的吸收著，新的疆土那靛藍無垠的天空。

看著眼前年輕的助人工作者，我想起自己剛從美國回來的第二年，同時在清大、交大、北醫大當兼任諮商師，那時，很幸運的遇到一位影響我很深遠的前輩。

能多陪一天是一天

那一年我二十九歲，交大諮商中心主任方紫薇老師，像是溫暖又頭腦清晰的姊姊，有一次好像是傍晚四五點，正好個案請假沒有來晤談，我在休息室的咖啡機旁邊看雜誌。方紫薇老師走過來關心我這個諮商界的菜鳥，她說：

「士鈞啊，我跟你說，個案不要太早結案。」

「喔！主任，爲什麼？我在美國學諮商心理學的時候，都說接案要有效率，Six

Sessions or Twelve Sessions 就好，不要拖長啊。主任妳可不可以教我一下，妳是怎麼想的？」

已經有二十年陪伴經驗的她，篤定又溫暖的這樣教我：

「學生啊，個案啊，你能多陪一天就多陪一天，多陪一個禮拜就多陪一個禮拜，多陪一年就多陪一年。

孩子要的不一定是改變，孩子有時候就是想要有人陪著，你如果能夠陪他陪到畢業，對他就很有意義，你不一定要他改變。」

多年之後，寫文章的我整理到方紫薇老師這一段，依然觸動，依舊溫暖。而眼前年輕的社工，眼睛亮亮的聽著我說多年前，遇見方紫薇老師的故事，我猜，這個故事，在這個時空，已經同時存在於我們三個人的心底。

「**聽起來，你對這個孩子是有感情的。**」我看著眼前亮亮的眼睛說。

「有啊～不然我怎麼會到現在還在**掛心著他**。」年輕的社工很確定又帶著感覺說著，**不知道我有沒有聽錯，那確定的聲音底下，似乎正在顫抖著**。於是我等待著，讓心裡的暖意飽滿逐漸到來，讓內在的天空更打開更遼闊，然後，一秒鐘，兩秒鐘，三秒鐘，眼淚啊，忽然從年輕的臉龐滑下。我深呼吸一口氣，把自己準備好，安穩又暖暖的，準備好要迎接和參與。

「剛剛的眼淚出來，是感覺到什麼？」（我讓自己的心，加熱到最溫暖。）

「眼淚，哎呀，是講到**掛心**那裡……哎～那時候才眞的覺得說，某個部分的自己其實一直在想到底要不要繼續，一直在想他的狀態，我很把他的事情放在心上去思考，如果要繼續，我可以做些什麼，如果沒有，那對他眞的是ＯＫ的嗎？

原來自己是掛心的，一說出口，眼淚就出來了，好像是找到自己的眞正的心情，好像是轉個彎，忽然自己遇見了自己。」

掛一顆真情的心比什麼都美

哎呀，眞是流動又眞誠的生命啊！

在這個眼淚落下的時刻，我的心，承接著眼淚，我的心，也參與著一起慶賀，於是，我笑笑的接著說：

「我贊成繼續。你看用什麼方式，讓他知道你的掛心，然後跟他用討論的。一個情感會封閉的孩子，可能是曾經什麼被戛然中止，水源忽然被截斷，忽然就變成沙漠。**你**

已經掛心了，你就是他的水源了，這時候，水可以小，但不要切斷。」

「哎呀，哈克我跟你說，我下週要開學，我從上學期結束後，就一直在想，要不要繼續。」

「你啊，會這樣想，那就要繼續。你會拿跟我說話的寶貴時間來問這個學生的事，你**選擇拿這個掛心跟我說話**的這個選擇，還說到都掉眼淚了，這就是眞情。」

年輕的社工，在傍晚夕陽照亮的宇宙裡，眼淚竟然停不下來，滴落又滴落，像是天堂一樣美。

我微笑著又帶著暖意的說：「掛心很美～**眞情比什麼都美，對一個孩子有情感、有掛心**，好珍貴，我眞的覺得，掛一顆眞情的心，比什麼都美。」

更寬廣的思考地圖

情感，接住了，接下來，就可以在概念和想法上做調整，想方法。

專業的陪伴裡，遇見冰火同源的孩子，一旦試過接觸情緒，然後支撐不了那份熱烈，那麼，就不用執著「一定要接觸情緒」。

不執著，說起來容易，做起來其實非常困難。首先，不執著「接觸情緒」這條路線，需要先願意擁有更寬廣的思考地圖，知道：接觸情緒只是心理成長的其中一條路線，接觸情緒只是與人親近的一座橋；於是，願意、也能夠**開發另一條路，搭建另一座橋，開挖另一口井**。

路在哪裡呢？搭一座橋的材料去哪裡找呀？談話的時候不談「接觸情緒這個主題」，那……談什麼呢？既然「情緒」這個點對這個冰火同源的孩子來說太熱烈，那，就值得來開挖另一個井。

另一口井，可以是「**興趣或嗜好**」——他做什麼事情的時候會開心，會喜歡自己。另一口井，可以是「**成就感**」。我不會一直問他「什麼是你的渴望或熱情」。「渴」跟「熱」都是感官性語言，太熱烈了。**而「成就」這兩個字沒有熱和情**，於是，可以順順的討論，也可以繼續擴展那一份了解，像是：

「喔~你學程式設計的，老師很好奇**ㄟ**，我可以看看你的程式 run 起來跑起來，是怎麼樣的嗎？」

「你剛剛從打工的五十嵐趕過來厚，我中午的時候看店前面 UberEats 排了好幾台，你這樣努力打工可能存不少錢喔！你怎麼看錢這件事？」

「老師記得你很會種鹿角蕨，想聽你說說，要怎麼照顧鹿角蕨才會長得綠意盎然呀！」

這樣的對話，和學習有關，和存錢累積財富理財規劃有關，於是，雖然聽起來很日常，同時，帶著成就感和未來感的好狀態，常常自然的就跟著來了。

黃昏的光線越來越低垂，可是年輕的社工，看起來也沒有急著要去哪裡，眼睛亮亮的看著我，好像很想繼續聽呢！

繼續有晴朗的連結

好啊，話匣子打開了，我就順著這個主題多講一點囉：

「這裡很有意思喔，你看，成就感和興趣嗜好，都是『陽光能量』的名詞，**但沒有包含身體、感官和情緒的字眼（不熱，也不烈）**。於是，聚焦討論起來，讓冰火同源的孩子不會因為太熱烈而無法承受。

同時，因為開發另一條路，因為搭建另一座橋，於是，陽光能量持續累積，即使這段日子沒有暢快的接觸情緒。同時，當我們沒有急著想要在『接觸情緒』這個主題去改變他或幫忙到他，**你就眞的能繼續聽見了故事**，於是在天地之間，繼續有連結的，參與了他故事的發生。

如果使用隱喻的話語來說說此時陪伴者的內在聲音，那會是：

……看來我目前暫時不能跟你有熱牛奶的連結，那，我來想想我可以跟你有青菜沙拉的連結，溫度沒有那麼熱燙燙的，可是，**有連結比起沒有連結還是勝出很多！**

……所以，人和人即使再疏離，也可以有連結，假設紅橙黃綠藍它是一個光譜，**紅色、橘色是很溫暖、很飽滿、很豐沛的連結，那麼另一端，也可以像是晴朗的天空那一份藍色的連結，什麼都清清晰晰的，沒有什麼不確定的情緒，其實也挺好。**」

「哈克，聽你這樣說，我好像看到一個情緒的光譜耶！好像可以離開疏離或親近的兩端，而是帶著祝福的心，去看待**晴朗和溫暖之間那漸層的光亮**。」

「呵呵，對呀，你說得眞好！眞的是漸層的情緒光譜。我上個月，正好寫了一首短詩，就叫做〈愛的光譜〉呢~我有印出來，我拿給你看呦！」

〈愛的光譜〉

如果不能愛，那就關心；
如果不能掛心，那就想念；
如果不能想念，那就想起。
如果情感沒有辦法流暢的傳給他，那就傳關心給他；
如果不能幫到他的改變，那我來參與；
如果不能參與，我就當個聽者就好。

看著這首短詩，年輕的社工，整個人都好奇了起來，問著：「哈克，我想知道多一點，陪伴時的這個光譜的概念……」

「喔～你覺得哪裡有意思呢？」

「嗯……可能對應到我身上時，我是情感比較濃烈，所以，面對比較沒有感覺的人，他會在我的另外一邊，我會不知道怎麼陪他……」

情感濃烈怎麼陪伴清淡理性

「喔～你這樣說，讓我想起我三十五歲那年正在讀博士班的時候，曾經督導諮商研究所碩士班的一個很理性的學妹。督導到一半的時候，我跟她說：

『學妹，我問妳喔，妳在碩士班上課的時候，老師會不會釘妳，跟妳說妳怎麼都沒有同理心，說妳練習同理心的時候都是簡述語意，好像不會反映感覺，老師會不會一直講你，說妳沒有同理到一個人眞正的情緒這樣不行!?』

我還記得，她挺激動的說：『對啊對啊～學長，我這學期遇到的每一個上課老師，都說我這樣不行。』

我看進她的眼睛，眞心的也慢慢的說：『妳知不知道，妳這種理性思考能力很強的人，可以陪到很多很理性的孩子。而且，因爲諮商師和輔導老師都偏感性，我們這邊感性的人已經夠多了，妳知不知道妳這樣的人做諮商師，很有發展。』

所以啊，眞正可以工作的地方很多，陪伴的光譜是整個大大遼闊的天空和土地。在這個愛的光譜裡，你可以很理性、也可以很情感；你可以很生活、很現實，也可以很抽象、很哲學，沒有人說一定要怎樣才對。而生命，好像也是因爲多樣性才特別好玩、特別有趣。

從語言的使用來說，這個光譜，可以在不同的落點，使用不同的語言文字來回應個案。所以，陪伴時，有些孩子我會說**想念**，有些孩子我會說**掛心**，有些孩子我會說**心疼**，有些孩子我只會說**想起**。」

「這眞的是細膩度耶～」年輕的社工聽到都入神了。

「呵呵，對啊！這裡的語言有很豐富的選項。遇到某些個案我會說：『好開心見到你喔，好期待今天聽你說最近發生的事情呢！』而有些個案我只會說：『最近過得好不好？』就這樣而已，而光譜再更過去藍色一點，會是：『不知道，你這個星期睡得好嗎？』或是『最近，吃得有營養嗎？』」

「哈克，聽你說這樣的光譜，好像是在**調光**或是**調溫度**喔～」

「對，調光或是調溫度，你形容的眞準確～我們用調溫度來說。你知道嗎?!人的情感溫度，有時候很同步對應自己偏好的車內溫度設定喔！（或是偏好的室內空調溫度設定。）

有些人開自己的車，一上車就會設定偏好溫度（或者一進房間就會開空調設定喜歡的溫度），有些人喜歡二十五度，有些人喜歡二十二度。你也可以想想你幾度。

像我，偏溫熱情感，所以我車子裡的溫度是設定二十七度，同時，我知道有些朋友會調二十四度或二十五度。很有趣的地方是，情感溫度偏高（光譜在紅色溫熱區）的人，似乎也會把溫度設定調得高一點，而偏理性愛思考的朋友（光譜在藍色晴朗區），好像傾向把溫度設定調得低溫一點。

當我們遇見情緒光譜或情緒溫度和我們相近的人，像是二十六度遇到二十七度，常常一拍即合，磁場順暢，好像說什麼都對，說什麼都有話題往下接，很舒服，這是本性自然流動又溫度相近的舒服。

但是，**如果你是二十六度的，總是會有遇到二十度的**一天，那就要知道，當然不會本性自然流動然後很舒服，因爲本性有挺大的溫度或光譜距離。於是，一邊相遇，一邊傾聽，一邊參與，然後，邊說邊調整，有意識的調整內在的關注，有意識的調整使用的語言，用心的往藍色光譜那邊調整，於是，才有機會眞的陪伴到。」

親近是一種選擇，不是一種美德

「哈克，這樣用溫度想，眞的會想到身邊的朋友是幾度欸～還有，我剛剛坐在那裡聽哈克說藍天白雲的時候，想起一些關懷的學生可以和他維持這樣的晴朗的連結就好了。

因爲有一些學生我覺得很難跟他親近，或是創造一些連結感的互動，我會有種靠近不了的感覺，可是當哈克剛剛這麼說的時候，我有種放鬆感，其實沒有關係，這樣也可以，我只要**持續跟他維持連結**就好。」

「呵呵，對啊！持續維持，其實很關鍵。我有時候會覺得，心理諮商可能太強調親近，太強調溫暖，因而忽略了，**人與人的互動其實可以很清淡。很清淡不代表沒有連結，清淡的連結也是一種連結，這好像是一種更可以在天地之間呼吸，更自然的連結。**

我覺得，**親近是一種選擇，不是一種美德**。我有時候會說，親近這種東西，不要把它當作好像是心靈成長的一種要求和目標，這樣會讓很多孩子窒息無法呼吸，很多孩子他就是沒有辦法，當你把親近當作是一個美德的時候，他們只好討厭自己。」

談戀愛時是不是要找溫度相似的

外面的城市的燈火悄悄已經亮起，心流的對話，讓時間過得快。走向電梯的路上，我們有了這段臨別對話：

「哈克，那……談戀愛的時候，是不是要找溫度相似的呀？」

「呵呵，這個很有意思喔～這個呀，要看你談戀愛是想談短暫火花四射、值得緬懷的，還是long and lasting久久不想分散的。我大學的時候在通識課修了一堂陶藝課，捏陶的老師曾經這麼說，兩塊泥土，如果要貼合在一起長長久久，那……泥土的溫度，越靠近越好。」

1-6 不裝扮成諮商師的模樣

霜降時節天冷，偶爾來到的陽光暖意，特別被喜愛著。陽光灑落的早晨，在學校服務的年輕諮商師捎來訊息：

「哈克，我跟你說喔，天冷的日子也進入期末了，這些天逐步和學生結束這學期的晤談，這星期，有兩個陪了兩個學期的學生，在最後的會談裡跟我說：『我，喜歡自己～』……

我們一起紅眼眶，我還加碼抖動肩膀來慶賀呢～一個孩子可以肯定的說『我，喜歡自己』，即使有時候還會對自己生氣，有時候會情緒低落。喜歡，我猜會帶來快樂帶來力量！哎唷～好祝福他們喔！」

聽到這樣暖暖的訊息，我的心裡像是開了一朵花似的綻放著，我這樣回應：「這是好～美的發生！**你猜，是因爲你做了什麼，帶來了這個？**」

年輕的諮商師這樣回答：

「這兩個學生，我猜我對他們的幫忙有一〇%到十二%。**因爲我們連結得不錯，他們對我有信任，也收得到我對他們的欣賞與喜歡！**

我猜，我帶著亮亮的眼睛，眼睛裡有淚水、有微笑、有深情、有溫度、還有滿滿的欣賞，也有哈哈大笑……我好像**沒有想要矯正他們的行爲，我想陪他們可以有機會聽到自己的心跳、自己的聲音**，可能順著喜歡的事情，也可能從練習拒絕我開始……可能也理解著自己正在做的事情……

哈克，我跟你說，那個時候當他們說『喜歡自己』這句話的時候，是那種忽然跳上來的感受欸～然後我們一起雀躍和感動。」

哎呀，怎麼這麼動聽呢！我繼續好奇下去：「對了，你是不是越來越喜歡自己當一個助人工作者呀！」

「對欸～我眞的滿喜歡的耶～有挑戰有挫折，身體也好累～但總是能從裡頭獲得滿足～」

我忍不住再好奇下去：「你會怎麼形容這份滿足？你猜，你的什麼決定，或是什麼改變，帶來了這些滿足？」

「啊~那個滿足感，像是在黑藍色的夜裡，有著滿天星星，**看見一顆星星，它忽然閃了一下，我知道那一閃的重要性，他會在他的星際裡閃著光，而我在遠方祝福**。

嗯，是什麼決定和改變帶來這些滿足呢？一個是眼光，眼睛裡多了很多喜歡和欣賞，我也試著拔掉社會的價值和期待（吼~這個超級難的），眼睛回到他的身上，如果他一直不來學校上課，他選擇留在那裡，我就一起想著，他做這些事情，對他是不是有某種程度上的意義。

另一個很有趣的是學生回饋給我，我才發現的，是我**決定沒有要在晤談室演得像諮商師的樣子**（很溫柔、總是在討論什麼深刻的話題），我好像是以一個**人的狀態**去和個案相處，有時候會輕鬆，有時候會展現某些情緒，也會跟著一起紅眼眶。我現在還沒有很確定這樣好不好，但至少這個學生因此感到安全，因而讓自己的情感流露~」

這樣的話語，眞的好像冬天的暖陽，有溫度的暖了身子。

太好聽了！太好聽了！

「決定沒有要在晤談室演得像諮商師的樣子……」

「以一個人的狀態去和個案相處。」

找了這麼多年，終於在這樣的對話裡尋得了文字語言，來說什麼是「有人味的助人工作者」！原來，是這樣的呀～看著眼前的個案，感覺他的抗拒，接收他的快樂、無力、生氣和哀愁，然後，決定「沒有要」在晤談室演得像諮商師的樣子。**決定不演，決定不假裝專業，選擇了，以一個人的狀態去和個案相處。**

可以和個案說「我跟你有一樣的煩惱」嗎？

一個週末的早晨，做了一場示範，主角想處理的煩惱，正好我也有。陪伴的現場，我很自然的說：「我和你一樣ㄟ……」（接下來的文章裡，我大部分的時候都會用「主角」來描述眼前和我互動的人，我不太使用個案這個詞，我習慣用主角這個詞，因為我覺得每個人都有機會成為生命的主角。）

示範過了幾天，身邊好奇又用心學習的諮商師這樣問我：「哈克，我好奇啊，為什麼你很自然的回應了『這個，我和你一樣』，然後主角就掉淚了……」

「哎呀，這個，這裡，是生命在平凡與塵世的眞實落地，主角之所以會落淚，可能是因爲感覺到『原來喔，不止我害怕這個啊……』；這裡，給出了一份『我們都有這種凡人會遇到的困難啊！』

同時，我的心裡想著，眼前的孩子和我有一樣的困難，但是一定是很不一樣的原因。所以我選擇在這裡多停留，先表達我和你一樣有凡人的困擾，同時，我也眞心想要知道：『等一下的時間裡，你想要什麼樣的我陪伴你？如果什麼質地或眼光多一點，會是你生命這個時刻眞正需要的？』」

年輕的諮商師繼續充滿好奇的想了解，再問：

「哈克，諮商心理學的教科書上有另一派說法，他們認爲這樣的自我揭露（我和你一樣有這個困難），會讓個案失去信心，覺得，哎呀，糟糕，連諮商師都一樣，那不就眞的很困難了。哈克是怎麼突破這樣框框的說法的呢？」

問得眞好！我的心好雀躍啊。我緊接著這樣回答：

「每個學派，都有自己獨特的相信。有些學派，專家的金粉成份高一點，就比較會有你剛剛說的對錯規則，擔心一旦失去了專家的位置，表達出來的訊息會比較沒有被好好接收。就很像醫師穿的那件白袍，那一份專家的形象，對於醫囑的有效性，很有可能是很關鍵重要的。

而潛意識工作學派，很深又很扎實的相信『是的，我和你一樣，我們一樣的是煩惱憂愁的凡人本質。同時，我很好奇那些不一樣的存在啊！我很想聽聽你的身上帶著哪些我本來不知道的傷心和想念，我很想陪著你找到還有哪些你早已忘記了的力量。』

如果可以，我很想陪伴你，找回來那早已忘了而以為沒有的珍貴力量，然後注入新的你，於是回來，重生。然後，我會慶賀著你，也羨慕著你。所以，潛意識工作，很眞實的可以羨慕，可以哭，還可以大笑，然後，也眞的很會一起慶賀喔！

我猜，因為這樣的眞實和自然，那些喜歡，那些欣賞，才眞的有機會，像是早晨溫熱的牛奶，或是傍晚肚子餓時吃下的那一顆白白胖胖的饅頭，進到個案的身體裡，成為心底的一股暖流，持續的存在著。」

眼睛亮亮的諮商師繼續問：

「是不是因為哈克和潛意識合作那麼多年，知道它的力量，遠遠超過思考的意識的和我們以為的？」

「可能是喔。我有時候也會納悶的問自己，我本來只是一個電機系畢業的工程師，怎麼可能這幾年下來，寫出自己都意想不到的九本書！我猜想，可能眞的是因為潛意識裡的寶貝們，都因為我的相信，呼嚕嚕～嚕啦啦的圍著我跳舞吧！」

諮商是一門相信的學問

一直都清楚的記得，我博士論文的指導教授，我的恩師陳金燕老師，曾經堅定的告訴當時年輕的我們：「諮商，是一門相信的學問。」我猜想，因為諮商心理學是生命陪伴生命的歷程，所以，當陪伴者擁有了相信，於是才有跟上的力量可以陪伴需要的人。親愛的老天爺，謝謝天地的安排，讓我從二十五歲開始這樣相信，然後一直相信到今天。

關於相信，我想起泰戈爾的這句詩：

「只管向前走吧，不必逗留著去採集鮮花攜帶著，因為鮮花會一路盛開著在你的前途的。」

因為很喜歡泰戈爾的這句詩，我也有感而發的，這樣寫下一段文字：

「年輕的孩子，勇敢又有力量，於是前行是一種必然。生命的前行，需要祝福；有一種祝福，叫做相信。」

什麼要真實，什麼要學習

在金鐘獎的提名討論區裡，看到一句話：

「人生如戲，全靠演技：演了別人，丟了自己。」

這句話眞有意思！人生總有需要學習模擬的時刻，同時，人生特別精采的時光似乎又跟眞實眞誠有關。那麼，什麼要眞實，什麼又需要學習模擬呢？

陪伴者的特質，我覺得眞實就好，像是溫柔、趣味感十足、可愛善良、認眞努力。這些特質，不要強求，更不要強迫自己扮演。**如果你的特質偏認眞嚴肅，卻偏要扮演好笑幽默趣味感十足的陪伴者模樣，那這樣的扮演，眞的會「演了別人，丟了自己。」不只自己不順暢不自然，眼前的被陪伴的生命，也可能會尷尬不舒服不自在。**

又像是，如果你的特質偏理性思考，卻努力的想要溫柔溫暖情感流動，那麼，這樣的扮演，很可能會把你原來理性思考可以帶來的美好幫助大大的削弱。所以，特質和本質上，我認爲，自然眞實就好，不要勉強扮演。

不勉強，所以能量流動。換句話說，如果你的本性溫柔但不太認眞，那就盡量發揮溫柔的部分，不用在陪伴的過程一直很認眞、很努力，只要在重要的時刻、關鍵的轉折提醒自己可以擁有專心就好；**如果你可愛善良很多，但是不太能運作複雜高階的思考邏輯，那眞的不要勉強扮演推理大師、分析學者的角色**，深呼吸跟自己說：「我用心聽懂眼前的孩子正在跟我說什麼，同時，把我的善意完整的給出去。」

那，什麼適合加強補足學習模擬呢？**諮商心理學的知識概念**、**陪伴時的細緻觀察能力**、**內在的遼闊**、**心境的安靜與承接能力**，這些，都値得在歲月的長河裡，逐一補足用心學習。在這本書的Part 3和Part 4，會來細細的搭配著眞實的故事，解說這些珍貴的好東西。

Part 2
帶著祝福的命名

在牆外，那高高的圍牆下等待著，
好奇的心好奇的眼睛，東看看啊西望望，
等待那好不容易的忽然。

忽然，
一朵小花終於願意探頭，
越過荒涼的邊界，延展出來。

2-1 電梯裡跳舞的小男孩

這幾年，我很喜歡來來回回的用不同的故事說一個主題，叫做「愛裡沒有匆忙，匆忙裡沒有愛」。我們似乎只要一匆忙，愛就消失了。之所以會想要說這個主題，是因爲在匆忙的塵世裡，我們都很容易忽然掉進匆忙而失去了有溫度的愛，同時，一不小心就會忘了本來可以給出的溫柔。

當我們不匆忙，甚至有了一點點一行禪師說的，「**吸氣，讓平靜進來，呼氣，我正在微笑。**」這時候，就很有機會開始練習**陪伴心理學**中，極爲美麗的一門技藝：「給出帶著祝福的命名」。

來說說這個我自己很喜歡的眞實故事，「電梯裡跳舞的小男孩」。

那是一個早晨，我爲了工作住在高雄火車站附近的飯店，吃完簡單的早餐，背著吉他要搭電梯下樓，準備出發去高雄張老師帶工作坊。

我在五樓上電梯，一進電梯，上面下來的電梯裡有一個看起來像阿嬤的人，然後還有一個少婦、跟一個大約兩歲的小男生，他們拉著挺大的行李，所以我猜是從國外搭飛機來的，但是長得跟我們很像，看起來是東方人。

那個小男生頭上戴著一個棒球帽上面有一個英文字母C。兩歲左右的小男孩眞的就是不聽使喚的年紀，在那個小小的挺有時尙感的電梯裡，小男孩衝來衝去衝來衝去動來動去，少婦和阿嬤就很緊張！語音急促的說：「ㄟ！不可以這樣不可以這樣，來這裡來這裡！」

疊詞啊，像這樣連續出現兩回合，表示著急已經成功的佔滿了內在，啓動了自動化的匆忙教養模式。

五十歲的我背著吉他，也戴著一頂棒球帽上面寫著一個英文字母L，和這三個人共處在天地間的這個小小的電梯裡。

我聽到阿嬤越來越緊張越來越不知所措，終於大聲的罵了小孫子一句：「你到底在幹什麼啦？」

我輕聲的深呼吸一口氣，決定要回答，我說：

「我猜他應該是在跳舞吧。」

然後，小小的電梯裡我聽到一個清晰的呼吸聲上去～下來～，然後，少婦跟阿嬤忽然在同一個時空都瞬間落地，活在此時此刻了。

她們似乎很直覺的又很完整的感覺到，眼前這個背著吉他的人，這個跟自己來自不同地方又和自己住在同一個飯店的人，這個人，他好像沒有準備好要批評她的孫子她的兒子……也沒有準備好要批評她們的教養對錯。

「我猜他應該是在跳舞吧～」

空氣中似乎還迴盪著剛剛那句話語，我看見眼前兩歲的小男孩，眼睛似乎亮了起來，那本來強度不小的調皮，忽然之間轉化成一絲絲的害羞，然後身體瞬間倚靠過去媽媽的裙子那裡，哎呦～完全進入一個不搗蛋的狀態，兩歲的害羞加上依偎，可愛極了。

那一刻，雖然我沒有施展催眠魔法，可是時間竟然眞的失眞了。因爲電梯其實從五樓到一樓中間並沒有停，所以其實物理時間很短，但，我們似乎都覺得那個時間好長喔，很短的相遇，卻有著很長的安心吐氣的時光。

然後我接著說：「要不要阿北彈吉他幫你伴奏給你跳舞？」

哈哈，這個提議完全不切實際，一樓馬上就要到了吧～

同時，在這句話音一落的刹那，阿嬤跟媽媽都笑了~因為她們發現，我不只不去批評小男孩在狹小的空間裡衝來衝去這件事，我還要彈吉他支持他進行這個跳舞的活動，小男孩，瞬間又更害羞更好看了。

然後，電梯門打開了，一樓大廳到了。時間真的短短的大概就只有五秒六秒，然後我走出電梯，其實也不真的確定知道他們從哪裡來，可是我就說：「歡迎來到高雄。」

那個阿嬤笑了，笑得很開心喔，那個笑表示她知道，我有猜到她不是臺灣本地人。然後因為少婦去櫃台CHECK OUT，我站在飯店走道等計程車的時候，我就跟阿嬤閒聊，我隨口問：「你們從哪裡來呢？」

阿嬤說：「上海來，我女兒來臺北開會，就帶孫子一起來玩兒。」

這樣啊，我接著說：「好好喔，來臺北開會還到高雄來吃吃喝喝的，真好！記得在高雄多吃點好吃的喔。」

阿嬤笑著說：「會會會~」

然後我突然想起來：「但是你們上海好吃的東西很多ㄟ。」

再日常不過的對話了，同時，安心、善意、暖意，都飽滿的在。似乎，當我們學會不匆忙的愛，這個世界，就會安心的像是達文西說的：「**一個好的教堂，應該使人感覺**

到是進入了人的內心世界。」

寫出上頭這個「電梯理跳舞的小男孩」的故事之後的隔天，年輕的諮商師很開心的跟我說：

「哈克，讀這個故事，覺得很像**米爾頓．艾瑞克森**（Milton Erickson）**的經典故事**呀！在那看似再日常不過的情境裡，給出這麼有智慧的回應～我猜他應該是在跳舞吧～而在故事現場的人，剎那間鬆開那些交織在內裡的情緒和念頭，而回到了純然的本質。」

我聽了很開心，回應說：「呵呵，不敢當不敢當，米爾頓．艾瑞克森，是我的傳藝師傳吉利根博士的傳藝師傳，所以，不敢當不敢當。同時，你眞的看見了也感覺到了這個久遠技藝的傳承，因爲這個故事最有心跳的元素，正好就是這十五年來吉利根博士教會我的核心技藝：**給出帶著祝福的命名**。」

耳鼻喉科醫師也會的——帶著祝福的命名

來開個頭說說，什麼是「**給出帶著祝福的命名**」。

還記得我四十歲左右，是在大學當心理學教授的那幾年，我的喉嚨長期不舒服，常常咳嗽喉嚨痛，有一次在臺中去看耳鼻喉科醫師，那位比我稍長幾歲的良醫細心的使用醫療器材檢查了一會兒之後，一邊看著我病歷上頭的職業欄，同時溫和的看著我說：

「你這個病，叫『**好老師病**』，因爲你總是很認眞很用心的一直講課一直講課，所以喉嚨沒有足夠休息……

來，黃老師，我來教你怎麼治好這個『好老師病』，就是，來，練習看看一口氣說話不要超過十三個字，這樣啊，不管是說話啊講課啊，中間就會記得吞口水，記得鬆下來的吐一口氣，有時候啊，也會記得走過去拿起水杯，喝口水……」

這，就是帶著祝福的命名。

慢性咽喉炎，是健保給付上頭的病名。而「好老師病」，是帶著祝福的命名。在這裡，心裡的運作是，把那其實掙扎其實很亂其實不知所措的外貌，眞的只當作外貌。然後往裡頭走，即使路是彎彎曲曲的，也往裡頭走，然後想像著：「這顆心，這個生命，除了困住的外貌外相，那眞實而透明的內裡是什麼啊？」

這位醫師，當然知道精準的醫學界公認的病名，同時，他沒有花力氣在那個外貌表層的醫學病名，而是給出了這麼一個帶著關愛也帶著祝福的命名。這樣的命名，讓我開始思考：「我如何可以同時擁有健康的呼吸道，然後也同時可以在我熱愛的心理學領域裡，繼續講授，繼續更流動的傳遞。」

關於「給出帶著祝福的命名」，我的傳藝師傅吉利根博士特別強調三個關鍵字：**祝福**（blessing）、一**起存在**（presence）、**敬意**（respect）

而五十幾歲的我，想要在這三個關鍵字之後，多加上一個新的關鍵字，叫做「喜歡」。常常，如果你正在**喜歡**著你眼前的孩子，同時，在均勻的呼吸裡有品質的和眼前的生命一**起存在**，那你的心，就正帶著**祝福**帶著**敬意**，凝視著他了。

現實治療創始者威廉．葛拉瑟（William Glasser）是我學習且景仰的人之中，最能給出帶著喜歡的祝福的前輩。他常常會在晤談時間到了的時候，看著個案的眼睛，真心的說：「**我很喜歡**繼續跟你說話，**我想陪著你**走一段。」這樣真心喜歡的態度，常常是最好的祝福，因爲我們都喜歡**帶著被喜歡**前行。

在電梯裡，那短短的三秒五秒的時光裡，我的心，可能真的和小男孩一起舞動，可能也和媽媽祖母一起深呼吸擔憂，同時，我尊敬著跋山涉水而來的遠方客人，我喜歡那害羞被呼喚出來的依偎身影，於是，一天一天，在生活裡，逐漸靠近這門古老的技藝「給出帶著祝福的命名」。

2-2

細說「帶著祝福的命名」

上一篇，兩個眞實的小故事「電梯裡跳舞的小男孩」和「你這個喉嚨痛是好老師病」，想著要把我很喜愛的陪伴心法「**給出帶著祝福的命名**」有脈絡的描寫出來。這一篇，來繼續往下細說「給出帶著祝福的命名」。

寫出上一篇的那天，天光將盡時我在 LINE 群組裡說了一段話：

「帶著祝福的命名，其實很有趣，很**多人都以爲這是一種稱讚或是誇獎**。**其實不是**。帶著祝福的命名，比較像是『**乀～我好像正在欣賞到眼前的風景喔～**』。所以，比較不是誇獎也不是稱讚，而是眞心誠意的**欣賞到了**美。」

群組裡年輕的諮商師們，很有反應，紛紛發言彼此激盪：

「對耶～稱讚或誇獎，有時候當事人是收不下來的（心裡可能 OS 覺得：我有嗎？），但是，帶著祝福的命名好像特別容易直接被接收。好像一件物品或商品，常常會被評斷是非好壞，但是**正在被欣賞的藝術品，常常是有美感的、無價的、被珍藏的。**」

「我二十幾歲的時候，從來沒有想過，原來，美感和詩意～可以融入在助人陪伴裡呀!!」

「我想到這裡頭的內在，好像是帶著一種『**好奇＋微笑**』**的眼神**，重新觀看一個人……然後才來到了**欣賞**，於是可以給出祝福的命名。如果心裡想著要稱讚，很容易一不小心，帶著一種『試圖扭轉對方的感受』的意圖，因而失去了一種真心的純粹……」

過了一個夜晚，第二天來到繼續精采的發言和激盪……

「一早咀嚼著昨晚大家精采的對話，像是某種**矯正姿勢**的感覺。我們看見了那個盼望成爲的方向和姿勢之後，接下來回到自己，感受自己姿勢的微調矯正，感覺肌肉的發力，身體姿態的些微角度，下巴的高低……然後就，**對了對了**～這裡看過去最準確！」

「沒錯沒錯，就像在調坐姿一般！我很有感覺哈克說的『一起存在』的這份心意，簡單又美麗的描述，**讓一顆心或是一份情，先著地，我願意跟你一起去**那裡喔～這時候加上來的敬意，更讓我雞皮疙瘩，這種陪伴，可是會讓人綻放的啊。」

哎呀，看著年輕的一輩用心學習傳承著這古老又嶄新的技藝，五十幾歲的我心裡很喜悅。

是啊，把美感和詩意融入在陪伴心理學裡，是我的夢想啊！如果可以**像是看著一個藝術品般的心情去看待對待眼前的生命**，那麼，像是紀錄片導演的鏡頭，會拍到很精采的故事吧！

我也忽然懂了，原來我是如此重視美感和詩意。難怪這些年來，著迷閱讀蔣勳老師和余秋雨老師。也難怪幾年前去北京帶領工作坊時，北京的學員們私底下給了我一個讓我很不好意思的稱號，那是我不小心在朋友分享的對話截圖裡，看見他們私底下說：「哈克是心理諮商界的蔣勳……」

是啊是啊，這門技藝的關鍵，的確是在**動機**和**意圖**。如果陪伴的時候，一心努力想著要稱讚，眞的「很容易一不小心，帶著一種『試圖扭轉對方的感受』的意圖，因而失去了一種眞心的純粹……」這一段說的眞是精準極了，精準又精采到讓我現在解說時只能引用原句。那，如果不是想要扭轉對方的感受，那是什麼呢？我想起余秋雨老師曾經這樣說：

「善和愛，拆除了生命之間的藩籬，接通了向外吞吐的渠道，使生命從緊張敏感而走向舒展自由。」

是啊！帶著祝福的命名，正好就是像余秋雨老師說的，**帶著善意帶著愛帶著敬意**，在眞的一起存在的時空裡，因爲這個命名的來到，得以拆除了你和我之間高高的圍牆刺刺的籬笆，接通了人們得以彼此相愛的流動渠道，然後啊，那些因爲彼此沒有連結而有的緊張敏感，逐漸，落地。於是，慢慢的慢慢的，我和你，你和他，朝向了舒展和自由走去。

陪伴一個人，除了帶著善意帶著愛之外，下頭還有一個我珍藏的挺精采的心法小訣竅！

烘焙新鮮的愛

《地海巫師》的作者娥蘇拉．勒瑰恩這樣說：「愛必須每天重製，新鮮烘焙如同麵包。」

那天吹南風，夜裡生火，我抱著吉他在月光下刷著和弦，在疫情似乎還見不到終點的擔憂的季節，心裡想著要寫一首歌祝福這塊土地。

十歲的小女兒阿毛拿著木頭，敲著鐵製的焚火台幫我打拍子，我們一起坐在火邊吹著涼涼的風，歌詞和旋律在夜晚的南風裡落下，我輕聲的唱著：

都蘭的風往長濱吹　吹過了花蓮吹向太平洋
都蘭的風往長濱吹　是不是春天已經在路上
親愛的太陽請撫慰我們的傷

安靜的小女孩一邊用木條撥柴火，一邊聽著把拔琢磨著詞曲，她也一邊想啊想想啊想……寂靜的夜色裡，阿毛開口：「把拔，我想到一句～『溫柔的風 請吹過我們的心房』」

哎呀哎呀！深呼吸來到。可能因爲夜色特別安靜，我竟然完整的收到了女兒的美，趕緊趕緊把這句珍貴的詞寫進去我的歌裡：

都蘭的風往長濱吹　吹過了花蓮吹向太平洋
都蘭的風往長濱吹　是不是春天已經在路上
溫柔的風　請吹過我們的心房

親愛的太陽　請撫慰我們的傷

寫下一首短詩，爲喜歡的旋律塡上一兩句歌詞，只要不執著於文學性，是可以很生活化的「給出帶著祝福的命名」。

當雜亂的思緒像是從一顆顆頭上飄動的氣球，在一個又一個的深呼吸落下，於是終於感覺到一種平靜，一份安靜，感覺到了風吹在手臂上，忽然，溫柔的風眞的吹過了心房。於是，我忽然懂了《地海巫師》的作者娥蘇拉．勒瑰恩的這句美麗的話語：「愛必須每天重製，新鮮烘焙如同麵包。」

日子匆忙一天天，什麼可以帶來那如同新鮮烘焙麵包的愛，如何可以記得每天重新製作呢！我想起李宗盛寫給父親的一首歌〈新寫的舊歌〉裡的一段歌詞：

只記得　我很著急

也許因爲這樣　沒能聽見他微弱的嘉許

……

一首新寫的舊歌　不怕你曉得

那個以前的小李　曾經有多傻呢
先是擔心　自己沒出息　然後費盡心機想有驚喜……

是不是，你和我一樣，在生命中親近的關係裡，總是因爲太執著於想要什麼都趕快一點，於是太著急太匆忙太擔心自己沒出息，因而錯過了那其實眞心的「微弱的嘉許」。

那麼，說不定是個好時機，來許個願！許願從今天到明天，從明天到不遠的未來，每天重製當天份的愛，新鮮烘焙如同麵包，成爲那道一絲絲溫暖的光，一天又一天。於是，當姊姊對妹妹說：「辛苦了，加油喔～」妹妹的心裡，眞的聽到了那一份心疼，還有眞心的鼓勵；當兒子對媽媽說：「早點睡啦，明天還要早起上班啊～」媽媽的耳朵聽見關心，心底收到了那珍貴的當天份的愛。

於是啊，即使有苦有難，祈禱著這個世界一顆一顆跳動的心，可以如同創作歌手郝云的歌詞：「……撿起被時間碾碎的勇氣　讓雙腳沾滿清香的泥」。

2-3 怎麼給「祝福的命名」？

來繼續往下說，怎麼在陪伴的過程裡，看著眼前的生命，給出帶著祝福的語言。

聽著眼前的孩子說著自己人生的故事時，我啊，常常閉著眼睛去感覺耳朵裡傳進來的音色。是**音色**喔，因為不只是音量傳進來，是音色。空氣裡，會傳進來故事中、心窩裡的音色，有時候會顫抖，有時候有歡呼，有時候有傷悲。

抖抖抖～烘烘烘～蕭瑟蕭瑟～間間斷斷又綿長悠遠的傳進我的耳朵，於是，我總是深呼吸，把聽到的，捧在心口啊～共振又迴盪，然後，共振又迴盪，然後下一刻，我常常接著開口說話，給出祝福和喜歡的言語……

很有意思的，**當主角感覺到自己的故事被喜歡**，常常會自動自發的開始前行。當主角感覺到自己的故事被喜歡而且被祝福，這時候，信任，主角對自己的信任，會像是肥沃的土壤一層又一層的堆疊形成，一次又一次的被喜歡，常常就能夠更信任。

被喜歡，於是更信任，於是，更流暢，於是，更喜歡自己的模樣。眼睛亮亮的年輕諮商師這樣形容：「喜歡像是燃料～」

對乀！烹煮食材需要燃料，烘烤香噴噴的麵包也需要燃料，原來啊，料理生命溫暖生命的燃料，有一款特別美好，叫做「眞心的喜歡」。

身旁用心學習的諮商師接力發問：

「關於『音色』，哈克在生活裡，怎麼累積對於音色的感受性呢？是怎麼樣讓自己對於聲音裡的情感接受，越來越飽滿、細緻的呢？像是，聽出聲音裡，是敞開又自信清晰的，或者其實是偏理性思考的表達。」

走進聲音的內裡，遇見四波淚水

呵呵，我來用賞鳥當例子來說。有些朋友知道，我年輕的時候熱愛賞鳥，甚至在很窮很窮的年輕歲月，一發狠花了十二萬元，參加了婆羅洲國家公園為期十天的賞鳥探險之旅。我還記得回到臺灣時，戶頭裡好像剩下三千元。

在野外賞鳥，音色的辨別，是能不能在望遠鏡裡定位出色彩美麗的鳥兒，關鍵的能力。

「呼～呼啾～～啾啾啾～」幾乎是閉上眼睛的專注又安靜的聽著，於是，知道，喔～鳥兒似乎是在樹冠層離粗的主幹兩點鐘方向大約五公尺左右的位置，先是在聽覺裡深呼吸感覺到了，然後才拿起視覺擔當的蔡司望遠鏡，往那個方向搜尋，調焦距，模糊然後清晰，然後，「哇～」，然後再調焦距，然後，「哇哇～～～怎麼有這麼漂亮的鳥、那麼迷人的過眼線！」

立體的音色怎麼聽到的呢？來一起看看下頭這個故事。有一次在工作坊裡，聽著眼前二十五歲的主角說著自己的難受：

「……我常常想念過世的爸爸，常常哭，已經好多年了，有時候還會怪自己，為什麼別人都不會這樣，只有我會這樣難以承受的想念到哭，還這麼多年，怎麼好像都一直走不出來。」

閉上眼睛，我安靜的聽

於是，閉上眼睛★，我安靜的聽，遼闊的空氣裡，我聽見顫抖的聲音，好像，在自責和難以承受的底下，有一份很深好純粹的思念啊！除了辛苦，好像不只是辛苦，好像有一份好純粹的連結，在這顆心和爸爸的思念之間……

「那思念的愛，藏在哪裡呢？」我好奇的聽又好奇的問。

喔～主角的心裡的眼睛找到了，原來，十歲那年，離父親過世幾年前，已經會撒嬌的自己，在百貨公司的年底清倉大拍賣的熱鬧夜裡，爸爸買給了她那個後來珍藏十五年的黃銅扣環牛皮日記本。

主角啜泣著，我深呼吸；她微笑，我跟著嘴角上揚★；她的手輕輕的左右觸摸心裡觸碰牛皮日記本，我也深呼吸感覺著像是也觸摸到了似的。

★陪伴者小訣竅

為什麼要閉上眼睛？因為閉上眼睛之後，我們的耳朵會特別能夠聽見音色，聽見聲音裡頭的情感。

我打開眼睛，望向正在說著故事的二十五歲的孩子的臉頰，從外面進去，往心底方向搜尋，調整傾聽的焦距，遠遠的聽，也近近的聽★★，大約十次的深呼吸之後，我感覺到了，我感覺到了那份純粹的愛。然後我開口說：

「哇~會有那麼多眼淚，原來是小女孩那份**無法承受的被愛的想念**啊……」

然後，像是想像的，同時又好像眞的感覺到了，我說：

「不知道是不是，會不會，原來，**天上的爸爸也捨不得離開自己這個眼睛亮亮情感豐富的女兒啊**……」

眼前的主角淚水不停的滴落，答達答達……純粹的愛，好好的落地了。原來，思念，深深的思念，總是有來有回、有往有返、有出有進、有給有收的來回車票啊……這樣，在天色裡，在心海裡，在光影中，聽見了立體的音色。

如果我們倒帶這個現場的紀錄片，主角前半部的故事裡，有顫抖的聲音，有自責和難以承受的悲傷，這些，都是眞實情感故事的落地；而轉折點，主角**觸動的淚水盈眶的第一個剎那**（已經不是悲傷的淚水囉），可能是當我開始慢慢的把心力放在這個好奇：

「那思念的愛，藏在哪裡呢？」

不是只有嘴巴問出這樣的問句，而是，帶著飽滿的慈愛的心，眞的好想好想知道，於是在心裡沉吟著……那思念的愛，藏在哪裡呀……是這樣的心裡的沉吟和暖意，帶來那珍貴的第一波觸動的眼淚盈眶。

第二波眼淚的到來，在主角的手輕輕的左右左右觸摸心裡的黃銅扣環牛皮日記本的時候，這裡的淚水滴落，是翻山越嶺終於翻過了內牆，那高高的第二道牆，終於碰觸到了裡頭的自己，因為不再與自己分隔兩邊，和眞實的自己合而為一了，此時，不會再責怪自己了，因為已經碰觸到了思念的純粹。

第三波眼淚的滴落，似乎在這裡來到：「那麼多眼淚，原來是小女孩那份**無法承受**

★陪伴者小訣竅

（對應第107頁）跟隨與陪伴，不一定要說話喔！上頭的「我深呼吸」和「我跟著嘴角上揚」，都是回應主角很眞實很直接又很棒的方式，這樣的陪著主角的同在，像是一起經歷著眞實正在發生的故事似的。

★★陪伴者小訣竅

「調整聆聽的焦距，遠遠的聽，也近近的聽」，這裡，陪伴的關鍵是：遠遠的聽，是要去聽見故事的劇情來龍去脈，試圖去看見聽見因果原委；而近近的聽，是去用整個打開的感官，去體會去感覺這個時刻主角的內在，正在澎湃什麼。

的被愛的想念啊……」這時候，不只已經越過內牆靠近了自己，而且，還用自己的雙手暖暖的擁抱了自己。這時候的淚水，炙熱而通暢，極具治療性。

第四波淚水，在天地間自然湧現，「不知道會不會，原來，**天上的爸爸也捨不得離開自己這個眼睛亮亮情感豐富的女兒啊……**」這段像是感應，其實，是極其立體的想像，於是逼近於眞實。這樣的天地之間的愛，不只有機會撫慰主角悲傷的心，在空氣裡，在微微暖暖的風裡，好像飛翔著一個又一個可愛的有小小翅膀的小天使。小天使們飛呀飛，拍動著愛的翅膀，好像在說：「我們，陪著你喔，你要知道，你並不孤單。」

四波淚水，讓悲傷的故事被重寫了，走到了思念，走到了很立體的純粹的愛。因爲故事立體了，所以忘不了，因爲立體到忘不了，所以，確認了故事在生命裡的位置，而當一個漂蕩的故事終於有了專屬的位置，心，就安頓了。

2-4 如何給出眞心喜歡的語言

接著上一篇來繼續往下說，如何在陪伴的過程裡，給出帶著眞心喜歡的語言。帶著心跳學習的年輕諮商師，看起來對於音色的概念已經學習得很滿足了，於是開了一個新的線頭，往下問：

「哈克，那，『眞心的喜歡』是怎麼來呢？或者，怎麼表達，最能讓人完整的收進這份喜歡呢？有沒有小撇步呀！」

問得，眞好。

我自己，也好想念二十二歲那年，在宋文里老師身旁，問東問西、問夢問佛洛伊德、問心理治療問情愛；也好想念三十五歲那年，在吉利根博士身旁，問東問西、問怎麼把被遺落的自己帶回家。

有人可以問，是大大亮亮的幸運。

「眞心的喜歡，是怎麼來的呢？」我安靜的問自己，想起了下頭的故事：

一個二十一歲的孩子，在工作坊第一天早上自我介紹時，滿臉通紅，額頭上汗珠滴滴，開口說話怯生生的，現場可能很多人都爲這個孩子捏了一把冷汗。

我沒有。我沒有爲這個孩子捏了一把冷汗。

我微笑著，聽這個孩子自我介紹結束，然後我慢慢的看著整個團體室大約三十位成員，我帶著一份開心和一點點興奮的語氣說：

「你們，剛剛，有沒有看到一種**好好看的靦腆**！」★

會這樣說，是因爲在我的心底，同時出現下頭三個心念：

心念一：「會害羞，是因爲表層情緒後頭，有豐盛的內在。」

心念二：「會緊張不知所措，是因爲想眞心說話，但還找不到語言。」

心念三：「害羞又不知所措，是一種非常好看的靦腆，是好美麗的畫面啊～」

只是，看到這裡，你一定會想說：「厚～這樣的心念，太不正常了，到底是怎麼來到的呢？」

首先，我們需要先覺察我們文化裡正常人的思路。正常人，看到一個年輕的孩子自我介紹時緊張不知所措，常常會自動化的進入到下頭的思路：

思路一：「這麼緊張，以後出社會怎麼辦???」

思路二：「這個孩子欠磨練，應該要好好教一下、訓練一下。」

思路三：「連話都講不清楚，這個孩子的未來眞是値得擔憂。」

這樣的思路，很正常。是，很正常，但是，在這個時刻，這樣的思路，幫不到陪不到這個因爲內在豐富柔軟而靦腆害羞的孩子。所以，可以怎麼安排重組內在，而擁有嶄新的思路呢？

來，試試看這樣做。如果你，許願想要當一個有暖意又有智慧的助人工作者，你可以試試看這樣許願：

★陪伴者小訣竅

你可以試試看用一點點開心和一些些興奮的語氣，練習兩次說說看我剛剛說的這句話～「好好看的靦腆」那裡，聲音上揚又聲量加大。

「親愛的老天爺，請你幫忙我，逐漸擁有一顆心，什麼樣的一顆心呢？說不定，像太陽一樣溫暖，像月光那樣專注，像土地一樣承接，像風那樣自由……如果可以，在可以的時候，選擇帶著喜歡，像太陽一樣，照耀溫暖眼前來到的生命。」（這裡，建議可以試試看用虔誠的許願的聲音說這段文字給自己聽，語速可以是平常說話的兩倍慢，或者，二點五倍慢，每一個逗點，都用一個深呼吸來作停留，也給了自己一個吸收到心底的時間。唸到「如果可以」那裡，來一個大大的吸氣，像是對天地許願似的，頭微揚，心打開，雙手也可以整個平舉向上。）

因爲許了願，就可以想像，自己的眼睛，像是太陽的光芒一樣，穿越世俗的種種條件規條，暫時不被那些「社會適應」「能力標準」給限制住，暫時不去顧「這個煩惱緊張的孩子到底什麼缺乏」，不是說社會適應和能力標準不重要喔，這些都很重要，只是因爲已經很多人在負責顧了，於是我們陪伴者可以**選擇來顧別的**。

因爲有了新的陪伴者位置的選擇，有了新的關注的眼光落點，於是，穿越了黑暗陰影面，太陽的光芒照進了陰影後頭的另一面，那可能是很少有人的光可以照到的另一面……那道光芒，像是：

「喔！越柔軟的心，越豐盛的內在，常常就越找不到語言來明說……對ㄟ！那，著急來了緊張來了額頭的汗珠滴滴來了，難怪喔～」

「好啊，原來是這樣啊，來，讓微笑上來，我們來**安靜的欣賞這個孩子靦腆的美麗吧**～這麼一來，說不定，心門會打開，說不定，靦腆的後頭，那豐盛又柔軟的內在，那從來沒能開口被聽見的美麗故事，甚至美妙的搖擺的身形，會因爲我們看見了這個靦腆的美麗，而悄悄來到呀。」

於是，思路從世俗那裡、擔憂那裡，在許願和持續的練習中，逐漸移動到流動又讓人安心的心念。

於是，心心念念，美不勝收。

很有意思的地方是，帶著祝福的命名，給出帶著眞心喜歡的語言，不只是陪伴者可以這樣做。當陪伴者在長長的時間河流裡，一次又一次的離開社會標準的眼光，一回又一回的撤離評判的法庭，持續的給出帶著祝福和喜愛的眼光，這時候，眼前的主角，會在某一個時刻，忽然也可以這樣陪伴自己呦！

來看看下頭這個新鮮上架的故事：

紅色的高跟鞋

二〇二二年的秋天，收到一位工作坊成員寄來的短信，心裡很觸動，徵求她的同意之後，分享給大家。信裡，短短的話語震撼著我：

「哈克，我跟你說喔，我工作坊第一天結束回到家，不知道爲什麼一直睡一直睡。我先生還問我，怎麼都不跟他分享我在工作坊裡學習到了什麼。

然後啊，工作坊的第二天早上，聽完哈克彈唱，挑選紅花卡時，我拿了那張『紅色高跟鞋』。看到這張卡時，我被自己給卡住了，因爲夥伴問我：『這張卡，帶給我的感覺是什麼？』我說：『穿了腳疼，不舒服』，然後後來就一直糾結在爲何我選了這張讓我不舒服的鞋。

隔天早上四點，被自己的潛意識叫起來，潛意識跟我說：『來，用祝福去命名。』

清晨四點，我深呼吸一口氣，決定重新看這張卡，心裡浮現一個聲音：『**要生命不一樣，從一點點改變開始**。就像這張紅花卡，黑白底的圖片，只要有一雙紅色鞋就能有不一樣，紅色是行動和熱情。』

於是，我領悟了一些事。我想把平常對個案的愛也同等對家人，愛從身邊開始。我改變了對女兒的態度，多了信任與讚美；隔天兒子要去看棒球，我主動在他的皮包裡放了一千元（平時不會這樣做），還留言要他去買喜歡的東西與吃喜愛的食物。

下課收到兒子傳來訊息，說媽媽怪怪的，還說媽媽上完課對他很大方，還說媽媽要多上這位老師的課。

謝謝哈克有溫度的陪伴。」

哎呀，我收到這個訊息的時候，好開心好開心啊！原來，帶著祝福的命名，可以在這樣的一個凌晨四點鐘，被潛意識喚醒的時刻，如此流暢的清洗內在，來了一個豐沛的愛的新選擇啊！

2-5 小鐵匠的故事（猜猜看，對答案）

這一篇，是Part 2的最後一篇文章，很有趣的，要來邀請你玩一個小遊戲「猜猜看，對答案」。在這本書前三分之一，三萬多字的閱讀之後，我猜想，你已經體會到了也知曉了不少關於帶著祝福的命名，接下來這個小故事，想要邀請你，註記下「哪一段話語，正好就是前面說的『帶著祝福的命名』呢？」

然後，在這本書的最後，第282頁，我會公佈答案喔！不要急著往下看，先去拿一支喜歡的筆，或者喜歡顏色的標籤紙，準備好在手邊，然後，Action～

年輕又著地生活的小鐵匠

那是一個夏天的星期四早晨，騎著摩托車帶著耕種時折斷的鋤頭去村子裡的鐵匠鋪，想爲鋤頭換一根新的木頭棍子。

年輕的小鐵匠正坐在小凳子上，揮汗削刻著開山刀的木頭刀鞘，看著我拿著折斷的鋤頭，熟練的接過去，沒有說話的直接蹲到左前方的另一個小凳子姿姿吱吱的就開始磨起了鋤頭的刀刃。

不知道爲什麼，在和土地接近的農村，很多沒有必要的禮貌詢問，都可以直接省略。所以，年輕的鐵匠並沒有出現那句一般店家會有的禮貌性問話：

「換木頭棍子就好了嗎？需不需要砂磨利一點？」

因爲啊，在土地上勞動每天都要使用的鋤頭，用到木棍都斷了，當然刀刃已經很不利，非常需要好好的砂磨一番了。

離開表層的禮貌直接行動

我深呼吸一口氣，心裡想著，哎呀！因為省略了表層禮貌和沒有必要的詢問，小鐵匠這「充滿活力的用行動直接回應」，就像是按了一個直通鍵似的，沒有阻礙的直達生活中最直接的需要了，這樣的沒有阻礙，感覺好暢快。

眼前的年輕鐵匠是個大約二十出頭的大男生，厚實的身體配上很單純的眼神，年紀雖然很輕，動作卻十分熟練，一根長長的木棍在短短的不到兩分鐘的時間，刀起刀落鐵錘猛力扎實撞擊又撞擊……撞擊又撞擊……撞擊又撞擊，木棍逐漸量身定做的鑲嵌進去，成為穩固連結鋤頭的一部份，那揮舞的壯碩手臂，搭配上極其專注的眼神，我看得入神，心裡驚呼：「這是一門技藝啊！」

我快速地看了一下這間已經有歷史的小店，偷偷的猜想，是老鐵匠傳給自己的小兒子吧！「是什麼？是什麼讓這個年輕的孩子，充滿活力、又安安靜靜、充滿力道的懷抱了這個如此傳統的農村技藝？」我不禁在心裡好奇了起來。

如果它是一部文學作品

年輕的鐵匠師傅專注的揮汗著，左手握著新的木頭棍子，右手像是打太鼓似的，有節奏有停頓有猛力有穩定，擊打那幫忙固定的立體三角鐵片……噹啷～噹啷～噹啷～

我看到出神了，忽然想起來蔣勳老師說的：「如果它不是一件瓷器，而是一部文學作品……宋瓷的汝窯，造型上非常素樸非常簡單，幾乎沒有任何華麗誇張的部分。」

於是，我模仿著蔣勳老師的心境，思索著也感受著：「**如果眼前的小鐵匠，不只是一個揮汗勞動的人，而是一部文學作品，我們可以怎麼讀呢？**」當我們練習著，將眼前的一個人，「當成一部文學作品」來看待，於是走到了一個美好的能量位置，更有機會給出那珍貴的「帶著祝福的命名」。

小鐵匠那猛力的揮動，需要多少時間的熟練，然後加上多少對自己對時空的一份信賴。那單純專注的眼神，多麼的樸質而素雅簡單。是啊，真的像是一部文學作品啊，這個文學作品在遼闊的東海岸裡，存在於「噹啷～噹啷～噹啷～」的節奏裡。

想要找到一份「給出帶著祝福的命名」，一時還沒有靈感，一時半刻還找不到，沒有關係，就在心裡沉吟著呢喃著自問自答著：「如果小鐵匠是一部文學作品，那會像是什麼呢？」

很美的樸實

鋤頭，在將近一百次的扎實敲打後已經煥然一新，我開心的接過有著長長木頭柄的鋤頭，開心的問：「多少錢？」

「兩百元。」

我心裡震動了一下，這樣需要經年累月才能擁有的技藝，怎麼樸實到只收兩百元呢？心裡想著，不知道有沒有什麼方式可以支持贊助年輕師傅的技藝，想著想著，我看見一旁架子上似乎有各式各樣農村生活中用得到的刀子。

「師傅請問一下，採椰子要用哪一種刀？」

「這種，專門採椰子。」

「喔，那我要買一支。多少錢？」

「三百五。」

我開心的接過今天傍晚即將用來收成椰子的刀子，開心的付了五百五十元，菜園旁邊的椰子樹今年看起來很豐潤，一大串的等著我去學習採收。

「等一下。」年輕的鐵匠師傅把我手中的刀子拿了回去，走到樓梯間拿起紅色的膠帶，在刀子的木頭柄手握的地方上緣纏繞了一層又一層的紅色的膠布。

「這樣才找得到。」遞還刀子給我的時候，師傅簡潔有力地這麼說。

「什麼意思？什麼意思是『這樣才找得到』？」

「採椰子的時候，刀子常常從高高的椰子樹上掉下來掉到草叢裡，紅紅的這樣才找得到。」

喔～厚～

眞喜歡話語精簡的年輕鐵匠師傅說的話語：「這樣才找得到。」那是和土地好好連結之後，才有的樸實和精簡。

我有時候會想，是不是人的心裡終究有一個柔軟的遊樂場。如果我們帶著善意和愛看著彼此，帶著一份靠近的願意走向那柔軟的遊樂場，你知道嗎，一個呼吸或兩個呼吸的距離，我們就可以抵達那裡，然後，會不會，天堂的階梯悄悄的降臨。

我尊敬的前輩許瑞云醫師說：「（我們）很難給生命增加時間，但可給時間增加生命。」

是啊，我要繼續來好好練習「給時間增加生命」。但願能和小鐵匠學習這份單純、樸實、充滿力量，說不定，時間，眞的增加了生命呢！

Part 3
潛意識工作眞是太好玩了

夢，常常帶著一個愛的訊息，

LOVE MESSAGE，

那是一聲呼喚我們回來，

讓自己得以活得更完整的愛的訊號。

3-1 解夢——拿著小刷子的考古學家

解夢、催眠、引導冥想，是潛意識工作的三大主題。接下來即將輪番上場！首先登場的是我的最愛，解夢。

解夢，是想念的老朋友，也是一想到就會興奮微笑的新朋友。

二十一歲大三那年，第一次聽了宋文里老師的演講「夢之可解與不可解」，當夢境透露了美妙訊息的時刻，那帶著悸動帶著抖動的探險感覺，是陪著我三十多年的老朋友。

而新朋友呢！每一回，不管是四十二歲那一年在澳門，不管是五十二歲那一年在東海岸線上解夢視訊工作坊，只要有機會現場解夢，那出現在夢裡的海浪，總是特別有力量，那夢裡的蒲公英，總是飄揚天空絲絲縷縷，那驚艷，像極了剛認識的精采的新朋友。

夢，是潛意識工作極其珍貴的工作材料。夢，在夜裡來了，是很久不見的老朋友，興匆匆的想著要透露**新的訊息**給這個季節的自己，所以啊，夢又是老朋友又是新朋友。而陪伴解夢，很像那種「**拿著軟毛小刷子的考古學家**」。怎麼說呢？來看下頭這個我做的很可愛的小怪夢，「鍋子小小、燒肉厚厚」的夢。★

鍋子小小、燒肉厚厚的夢

五十一歲的秋天，清晨睡醒前五點多的時候來了一個夢，夢境是這樣的……

夢裡我正在料理一個燒烤的肉，然後肉很多，又有大大小小，又有碎碎邊邊的，然後可是**鍋子很小很小**。夢裡我的小腦袋想著：本來燒烤啊，應該是很優雅這樣夾起來，

★潛意識工作進階學習

剛開始學習解夢的時候，盡量先不要去解情緒強烈的大夢（像是重複夢境或童年夢境），最順暢的練習解夢的起步，會是小小的怪怪的感覺挺有趣的小怪夢。對於解夢想進一步學習的朋友，可以翻翻哈克的兩本解夢書，《你的夢，你的力量》（方智出版），還有《一字一句，靠近潛意識》（張老師文化出版）。

然後精緻的翻面，茲～炙燒一下，然後優雅的夾過去給誰吃，燒烤應該是這樣的。

可是，偏偏肉很多然後鍋子又很小，所以肉不是優雅的平面的好好的鋪著，肉竟然都是站著的，就是肉雖然切開了，可是好像一大條立體的站著，因爲只有這樣站著擠在一起，湯汁才有辦法把肉弄熟。可是，我知道燒肉這樣一點都不好吃啊！這樣就變成水煮肉了嘛～這樣的料理不夠精緻啦！然後越煮越生氣，然後就森七七的醒起來了。

清早六點醒來，我直覺猜想這個夢可能是重要的提醒夢，於是在床上坐起，一邊維持半夢半醒的意識和潛意識交界的珍貴狀態，一邊回想夢裡的情緒元素。

夢裡面的內容，包含人物、情節、東西物品，都會有類似「僞裝」的呈現。唯一不會僞裝的，是情緒。夢裡的情緒，直接反映現實人生正存在著的情緒。於是，我問自己：

「親愛的自己，剛剛夢裡，最強烈的情緒是什麼？」（探尋問句一）

問了，就等，安穩的靜靜的等著，一個不大不小的深呼吸之後，訊息來了！喔～情緒主要是生氣，還有好像有著急，很想好好料理，可是又不夠精緻，**啊！是著急**。因爲肉太多了，沒有辦法精緻的燒烤兩片三片美味的燒肉，著急了，不知道該怎麼辦。對，關鍵情緒是著急。

關鍵情緒找到了，一個大大的深呼吸從腹部完整的吸氣吐氣，上來，下去，這個深呼吸，是潛意識跟我說話喔，很像是在說：「臭小子，不錯喔～年輕人，不賴喔！」潛意識好像挺開心，這表示，這個情緒的聚焦點，很可能有機會拉著我的手往心裡走去。

好啊，坐在床上的我繼續往下問：

「親愛的自己，夢裡來了著急這個情緒，在**生命的這個階段，會不會是什麼，著急了呢？生命裡的什麼，正好像是夢裡的鍋子**，因為容量很小，來不及料理那麼多，所以著急了？」（探尋問句二）

往裡頭走，同時聚焦在主軸情緒，也聚焦在鍋子小小這裡。問了，充滿期待的等著，然後，忽然，感覺上來！

哎呀，我知道了！料理燒肉的夢，著急的把一堆肉在一個小鍋子裡都站的好像用煮的一樣，這個夢境好直接的跟我說：

「現在的自己，過五十歲了**年紀有了，力氣少，哈哈，就像小鍋子眞的小小的**，所以，潛意識提醒我，時間要拿來做少少的料理，專心的做，專心的做少少的一片，兩片，三片，這樣才會美，這樣才能在時間裡呼吸。」

哎呀，原來是因爲年紀有了力氣少，所以夢裡出現鍋子小小的啊！剛剛這段發現，似乎很自然的出現了很適合聚焦的下一個標的物，於是我眼睛亮亮的好奇的再往裡頭探尋，這樣問自己：

「在生命的這個階段，是什麼東西太多了，那個多到料理來不及的食材，會是……」

（探尋問句三）

問句一落，深呼吸，從心底緩緩上升，吐氣時淚水跟著滑落，這個深呼吸帶著連上潛意識好慈愛的底層訊息，我在滴落的淚水裡眞的接收到了。在這個刹那，這個夢想跟我說的話語，我幾乎全懂了。

我懂了的是……做夢前的那個秋天到冬天，正在努力創作一個挺大的計畫，一個和啟點文化合作的串流下載的線上課程，這個課程我訂了一個很大的標題叫「與人連結的七個祕密」。

「與人連結」這個主題已經是大題目了哦，而且還是「七個祕密」這麼多！那麼多的內容要放進去線上課程裡，實在是太多東西了。哈哈～原來夢裡面肉太多是這個意思喔！

潛意識透過這個夢挺間接但其實很直接的說：

「嘿～五十了，有年紀了，鍋子小小的，七個祕密太多了，就像一整條站著的肉一樣太多，細緻的用心的料理兩片三片，就足夠了。」

哈哈，這邊眞的好傳神喔，我的身體我的心，聽見了：力氣少，鍋子小，咱們就來烤個三片肉就好了。

夢醒的那一天的早上八點，我鼓起勇氣和力量，打電話給啟點文化的嘉玲學妹，電話裡我這樣說：「學妹，你知道嗎！我做一個很好的新的決定，我決定把這個線上課程改成『與人連結的三個祕密』。細緻的好好的來說三個祕密，一定更動人！」

夢，解開了。心也開闊流動了。與人連結的三個祕密，也眞的精緻的現烤炙燒，美味上桌。

很熱愛考古的考古學家

日常生活的小怪夢，像上頭這個可愛的鍋子小小肉很多的夢，如果有機會被陪伴，被解開，常常會帶來意想不到的收穫呢！★

解夢，很有趣。同時，解夢最忌諱的就是著急的想要趕快解開到底夢透露了什麼訊息。當你越著急要去那裡，你就越容易錯過那些讓你微笑的發現。那，如果要遠離這樣其實無用而且會壞事的著急，反過來說，最適合像是什麼呢!?

你有看過那種「**很熱愛考古的考古學家**」手裡拿著的那一把軟毛小刷子嗎？

因為很熱愛很期待，同時啊，也好安靜。因為知道夢好珍貴，所以安靜的，右手的大拇指和食指輕輕又穩穩的握住小刷子，還有那平常不常用的中指也似乎一起幫忙出一點點力，然後，輕輕的，慢慢的刷……

之所以要輕輕的，是因為**夢很害羞**，一不**小心會躲回洞裡**。

之所以需要慢慢的，因為夢要**傳遞的訊息像是正在發酵的麵團正在成形呢**。

於是啊，大拇指和食指，專心的、輕輕又穩穩的握住小刷子，輕輕的慢慢的刷……**而表情，不是嚴肅的喔，表情，是充滿期待充滿好奇，很像小時候去動物園，好期待走進可愛動物區，可以摸摸軟綿綿的**小羊、小兔子**的那種心情**。

慢慢刷開旁邊的土啊沙呀，然後，**任何的取得，都不是把它拖出來扯出來，而是慢慢刷刷刷**，然後等待珍貴的它，落下。假設，正在挖的是一個古老的曾經戴在元朝妃子手上的黃金手鐲，很熱愛考古的考古學家一定不是看到那個手鐲就很興奮，然後把手指頭弄進去，然後「啪～」把它拉出來，一定不是這樣做的。

而是，先來一個深呼吸，輕輕的吐氣，然後把黃金手鐲下面的土，慢慢慢慢的鬆掉，再深呼吸，屏氣凝神等待著，然後啊，在黃金手鐲快要掉下來之前，下面先鋪好要接起來的東西，可能是一塊軟軟的布，可能是曬乾了鬆鬆脆脆的稻草。然後，在深呼吸之後的長長緩緩的吐氣裡，黃金手鐲，輕輕的～滑～下來……

如果你願意，邀請你在心裡面想像，也跟著一起做剛剛這個刷刷土鬆鬆土的動作，安靜的，大拇指和食指，專心的、輕輕又穩穩的握住小刷子，輕輕的慢慢的刷……而表情，表情真的挺關鍵，記得不是嚴肅的表情喔！是又期待又好奇，真的可以想像是小時候去動物園，正要走進可愛動物區，正要摸摸軟綿綿的小羊和小兔子的那種心情喔。

★潛意識工作進階學習

解夢時，如果有朋友一起三人小組練習，常常是最流動的方式。如果想體會自己解自己的夢，有一個完整的解夢流程帶領聲音檔可以陪伴你的進階學習，那是在哈克的第二個線上課程「讓夢想著地」的4-4「解夢：聽懂夢境透露的導航方向」。

來～你可以眞的就跟著我一起，做這個動作。

用左手模擬那個黃金手鐲或是透明發光的玉珮，然後你的右手拿一個軟毛刷子，輕輕地刷，哦～這邊看一眼，這邊看一眼，哦噢～這邊的土比較濕喔～那這個土比較濕，靠近比較濕的土的這裡的黃金手鐲可能比較脆弱哦！好，那我等一下再來刷這裡。

不要好像看到血，就很興奮要衝過去，要把血吸進來，因爲你不是吸血鬼，所以不要做這件事。如果哇～就衝過去碰撞，它一不小心就斷掉了，夢就躲進洞裡了。所以，ㄟ～這裡，這裡土比較乾呢，可能這裡的這個黃金手鐲比較穩固完整清楚，好！那我從這邊挖。

換一個角度，哦～這裡！ㄟ～這裡的土鬆鬆的，好像挺透氣的。很好，輕輕巧巧的刷刷～刷開……哦～快要掉下來了，然後拿一條毛巾，或是棉花啊，鋪在下面，然後稍微給它輕輕的震動，嗯嗯嗯……就，落下了。

於是，夢，就有機會 被好好的又完整的迎接。於是，我們有機會在清晨的陽光中，迎接了內牆裡面的自己。

3-2 催眠是什麼？——彈跳的手指頭

催眠，是我二十幾歲時開始著迷的潛意識核心技藝。那天，在東海岸長濱朋友的小餐館裡，一位剛認識的新朋友問我說：「哈克，催眠到底是什麼？」因爲現場全部都是喝酒吃肉的朋友，沒有任何一個學心理治療的，於是正好，我來用日常的更著地的語言來說：

「催眠啊~好的催眠就是治療師自己負責熬出一鍋很好很好的湯底。可能……用蔬菜用牛骨慢慢細細的在時間裡，燉煮出很好的湯底，或者說創造出很好、很安靜又安心的能量場。於是啊，來求助的人不管什麼故事、什麼挫折、什麼憂愁，他都會很放心的把自己的故事放進去這鍋湯裡，**重新料理**，然後，有機會**重新嚐到自己生命的新滋味**，這，叫催眠。」

旁邊一位建築師朋友聽了，忍不住開口說：「哇～這個比喻好有味道喔～」哎呀，好的建築師眞的很會品味人世間的美感。而品味，品嚐眼前的生命的美妙之處，停留讚嘆喜愛，其實也是催眠的內功呢！

接下來，來說說催眠這鍋有機會創造新滋味的「湯底」，細細熬煮時最前頭的功夫：**細緻又立體的觀察**。

如果有機會，現場看我做潛意識工作示範，你會近距離看見「細緻又立體的觀察」是怎麼一回事。在工作坊的現場，先會看見某位成員答應了我的邀請當示範的主角，然後有點害羞緊張的，和我一起在舒服的木頭地板坐著。

通常，示範主角和我不會對坐，我們會夾九十度角左右坐在彼此身旁。可能因爲坐在彼此身旁，現場示範的一開始，我常常注意到，眼前的主角挺高機率的會有一個動作，把兩隻手交疊在肚臍上方附近，而我的眼睛我的心，常常特別觀察著「被壓在**下面裡面的**那一隻手」。

如果左手是靠著肚臍那裡的衣服，而右手在左手上面像是護住左手似的，我就會一邊專注的傾聽，一邊移動我的目光去看**被壓在下面的左手**，那左手在視線中露出來的一點點的食指，有時候在抖動，或彈跳，有時候是大拇指不由自主的輕捏食指。

爲什麼?!

爲什麼專心的觀察這裡呢？

因爲啊，身體，是我們心中**內在需求的外顯標的物**，而肚子（或者丹田附近），是人類或哺乳類動物最核心的情感需求落點。因爲肚子是人最柔軟的內在落點，當然會想要護住啊，因爲主角眼前這個做潛意識工作示範的我，**再怎麼樣都是別人**，所以會很自動化的用右手**護住**最靠近肚臍的左手。（當然，也有些朋友會倒反過來，是左手在外右手在內。）

那個**護住自己，很珍貴**。因爲柔軟又豐富的內在，**當然不可以潦草隨便的**被別人看見摸到感受到，所以，**左手接觸著肚皮，右手再多一層保護**，於是，易感又柔嫩的內在，得以在探索的心啓動的時刻，依然擁有一份安心與平和。

這就是爲什麼，我會特別專注的，觀察那隻被蓋住的左手，**因爲那裡最靠近肚皮，於是，最靠近也連結著他的內在、他的心**。

所以，這裡是第一個，關於選擇看哪裡，有興趣探索潛意識資源的朋友，可以試試看，從**觀察手指頭**開始練習。有了選擇的觀察落點之後，就可以來練習第二個。

催眠基本功之「手指頭彈跳」

第二個可以學習的是：「當他正說到什麼的時候，手指動起來。」這很有意思，這下子，我們開始走進一個生命活跳跳的關連性裡！潛意識工作最基本從這裡開始學，一定很精采。

你可能會想問：「哈克，他**手指頭動起來是什麼意思？**」

呵呵，我當然不知道。

什麼意思，因爲有時候連手指頭的主人都不一定知道★。也是因爲不知道，所以這個關連性，超級值得我們猜猜看，看看有沒有機會眞的懂了全新的一大塊原本未曾觸摸過的疆域。

那，怎麼觀察呢？可以在心裡頭這樣跟自己說：「**當他正說到什麼的時候，手指頭忽然動起來！**」

這裡，我們開始在觀察裡，**對照「一個人的故事」**，**跟他的「潛意識身體訊息」**，於是找到那個**挺有意思的關連性**。

可能，做示範的主角說到他週末「打排球」的開心雀躍時，忽然左手食指動了一下，

ㄟ～我看到了，然後，我就把**這個觀察存在心裡**。我平常記性很差，可是在做示範的時候，那五十分鐘六十分鐘，我會鼓勵自己火力全開，期許自己盡可能的記起來。

對照他的故事跟手指頭訊息

所以，可能現場示範進行到第十分鐘的時候，主角說到打排球，食指動一下，我發現了，但我沒有告訴他，因爲這樣會打斷他。

接下來，講到他滿心期待著要去天文台看流星雨，ㄟ～食指又動一下，跟剛剛很像喔，這樣兩個了。

然後，在第二十分鐘的時候，他說到夜裡彈烏克麗麗的時候，感覺到一份深藍色像

★陪伴者小訣竅

在1-4〈牆裡開出一朵花〉裡，有提到人的兩道牆，外牆是想著要不要讓別人認識這樣的我，而「內牆」的裡面是我還不知道的自己。手指頭的主人一旦知曉了手指頭彈跳的原由，正好就越過了內牆，因而更懂了自己也更擁有眞正的自己。

大海般的寧靜與滿足，ㄟ~左手食指又動一次。這下子，我收集三個訊息了，於是可以大膽的猜測，或者說，很明顯的，這個食指動一下的訊息，似乎跟他生命的**投入**、**喜歡或感動**有關。

那，你可能會想問：「哈克，那，這個收集到的訊息，怎麼用呢？收集到這個潛意識身體訊號，到底要用在哪裡呢?!」

問得眞好，來說給你聽！

潛意識工作有個地方挺特別，潛意識工作不強調陪伴的過程從頭到尾都專心努力奮力傾聽。爲什麼？因爲，如果前面三十分鐘整整三十分鐘你都眞的專心努力奮力傾聽，那會很累很累，而且，可能會累到接下來後面的二十五分鐘只能勉強撐著，或擺個樣子假裝很認眞，但是其實早就希望早點結束這樣的身心折磨。

這也就是爲什麼，潛意識工作很喜歡這樣說：「not too tight, not too loose」翻譯成中文就是：

「陪伴時，不要太緊也不要太鬆。」或者說

「陪伴一個人，時而專心，時而輕鬆自在。」或者說

「鬆而不懈，緊而不僵。」——這是古老的太極拳口訣。

所以啊，聰明的你看到這裡，一定已經猜到了：那麼，能量分配的關鍵就在於「哪個時間點要專心」。

「哈克，那要專心在哪個時間點呢？」

「是的，專心在左手食指動的那個時間點。」

所以，很多現場看過我做示範超過五場、十場的朋友，幾乎都看過下頭這樣一幕：可能第三十五分鐘的時候，那時，光線和聲量也和之前沒有什麼不一樣，前一刻的我還輕鬆自在，像是聊天似的和示範的主角有說有笑的，好像一點都不費力似的，下一刻，忽然——

忽然，他剛講完上班時平凡無奇的瑣事，然後說到中午休息時間散步去路易莎咖啡買熱壓吐司，**但是**，這個時刻，他的左手食指——**手指頭忽然動起來**。我，主角眼前的我，就會瞬間坐直身體 前傾，然後用柔和又好奇的眼睛看進示範主角的眼睛，開口說：

「剛剛，說到熱壓吐司的時候，你的心裡，感受到什麼？」

很多熱愛學習心理治療的朋友，常常會在觀看我六十分鐘的示範之後，極其好奇的問：「哈克，為什麼？為什麼那個時刻你會忽然停在這裡問啊？」

這些朋友會這樣問，是因爲他們覺得，整個示範最神奇的，就是這個時間點。那個時空，主角正在訴說看似平凡無奇的日常，爲什麼我會，瞬間，坐直身體，前傾，然後專注的問！然後，忽然在接下來，聽到了一段非常動聽的主角深藏內在的故事。

這段動聽的關於熱壓吐司的內心戲，本來埋藏在日復一日的奔波往返裡，沒有機會被別人聽見，甚至沒有機會被自己聽見，但是，很靠近很靠近丹田的左手食指，卻沒有保留的、清晰又明確的透露著：「**這裡，這裡有故事。**」

「剛剛，說到熱壓吐司的時候，是不是有什麼正在你的心裡跑上來……」

「哈克，不知道爲什麼，你問我熱壓吐司的時候，我感覺到一股熱熱的眼淚直接衝上來（這時，主角的眼睛已經瞬間淚水盈眶……）。」

此時陪伴著的我，微笑又安心的歡迎主角的眼淚湧現，主角的淚水一串串滑落，時而抿抿嘴唇，時而深呼吸，然後一分鐘之後，一個長長的吐氣來到，我知道主角準備好讓自己的意識說話了……

「啊～哈克，我跟你說，我忽然懂了，我小時候是奶奶照顧長大的，奶奶有一個很可愛的熱壓吐司小烤盤，我每次聞到熱壓吐司那一點點焦香焦香的、熱熱的香味，就會覺得很安心……（這時，淚水沒有停歇的滴滴、滴滴在主角的衣領。）

我想，奶奶的愛，在我生命這段風雨交加的日子，在這個時候這樣來到，陪著我，讓我可以孤單少一點……」

從這裡開始，心，忽然被聽懂了。從這裡開始，那熬煮的湯底，有了原初的食材，得以料理。而潛意識工作的湯底，存在於整個陪伴的過程裡，在觀察裡，也在專注與放鬆的交織裡。

3-3 聽心跳撿紅點！如果大腿會嘆氣?!

上一篇，細細的說了左手食指動呀動的可愛模樣，記得剛寫好上一篇的文稿之後，傳給了幾個好朋友看，很開心的收到不小的迴響，其中，花蓮的輔導老師蔣鵬，第一時間就給了我下頭精采的回應：

「潛意識與意識的交會點，一如白天與黑夜的交界處，會有一瞬之光。據說，**看到那道光芒的人，就能看透一個人的內心**……

法國導演侯麥拍了一部電影《綠光》就在描述這概念：據說，在黃昏時的海邊，在白天與黑夜的交界處，會有那麼一瞬的光芒，而能看到那道光芒的人就能看透一個人的心。

原來，在黃昏時的海邊，在白天與黑夜的交界，就是意識與潛意識的交界啊！而這

微動的手指就是那一**瞬之光**。當被看見了，就能進入其潛意識的大海，而終於看透了一個人的內心。」

哎呀～原來，在遙遠的法國，有一位導演，和我一樣如此著迷於意識和潛意識的交界呀！投入了二十幾年的時光讓我學習到，潛意識傳遞的訊息，常常是一聲微弱的呼喊，那既微弱卻又是心底渴望的呼喊，有時候是因爲社會規範和禮教束縛，**因爲這個應該那個可是，因而只好隱密幽微**。

因爲隱密幽微，所以，才會用「一瞬之光」來形容那乍現又消失的珍奇之寶吧！而微動的食指，正好因爲接近丹田接近底層的眞實，所以，閃過那密密麻麻的黑暗掩蓋，被我們又專心又放鬆的眼睛給發現了、看見了、找著了！於是，進入一顆心的路途，不再只是無可奈何的門外徘徊，而有了亮亮的入口。

能看到那道光芒的人就能看透一個人的內心

聽一個主角說他的故事，常常會在聽故事的細節裡聽到「濁掉了」。

很多時候，眼前正說著話的主角，他會不由自主的「想著他要告訴你什麼故事」才對、才精采、才好聽、才會被喜歡。這樣**思索過的，像是擬好稿子的故事**，大部分會是**落在意識層面的邏輯主張和內容交代**，這樣的故事，擬好稿子照稿子唸的故事，會讓陪伴者很容易聽到**迷路**，聽到原本熱騰騰的心都**涼掉**了，甚至**混濁掉**了。

帶工作坊的現場有一個重複上演的情節非常逗趣，就是有些時候，成員正在輪流分享，可能每個人五分鐘的時間。有些人一開口，現場的其他成員會非常清醒而好奇，聽的人和說的人好像在一起跳舞飛翔似的活跳跳很美妙。可是，偶爾會有一兩個成員，也才說不到一分半鐘而已，現場十幾個聽著的成員，開始像是說好約好似的，紛紛站起來去上廁所、檢查手機有沒有錯過什麼訊息、抓癢摸頭摳摳腳指頭和肚臍眼。

如果你曾經參加過三場以上的工作坊，上面這個逗趣的畫面，你一定經歷過。這常常就是上頭說的「濁掉了、迷路了」的現象。因爲說話的成員不自覺的說著擬好的稿子，沒有能說此時此刻眞正想說的話語，於是，其他夥伴很容易就聽到迷路了聽到混濁掉了，迷路了所以意識混濁了，於是聽不下去，忽然內在空間都不流暢了。

我的恩師吉利根博士持續的教導著一個很不尋常的概念，他強調：這個正在講故事的個案，之所以會被困住，就是因爲他**被困在正在說著的故事劇本**裡。所以，我從恩師那裡，一次又一次的學習到：不要執著於聽主角故事的細節脈絡，而是要去**聽心跳**。

聽心跳的方法

聽心跳！什麼意思呢？

聽心跳的意思是，深呼吸，讓平靜進到我的心裡，感覺到內在的遼闊與安靜，★然後，像是閉上眼睛似的專注的，用心去感受說著話的那個聲音（而不是內容細節），那個聲音，是不是可能，好像有些什麼正在到來……

去聽！哪裡，有溫度熱熱的；哪裡，有底層的聲音好像正在深處浮上來，像海裡深處的氣泡似的「波波波波～」浮上來。不執著聽故事內容，而移動心力去聽心跳，有三個可以聚焦的觀察點：

一、手指頭的彈動

★潛意識工作進階學習

這裡說到的狀態「感覺到內在的遼闊與安靜」學習起來需要時間，同時，在哈克的第四本書《你的夢，你的力量》，書裡附有幾個珍貴的聲音檔，包括「活化潛意識引導手稿」「解夢前的準備手稿」，這幾個聲音檔，很有機會可以陪伴學習者，每一次聽，就多擁有一些能接收的好狀態。

二、下巴和鎖骨之間的皮膚顏色

三、顫抖的聲音

上一篇，細細的說了手指頭的訊號，下一篇，來說顫抖的聲音，而這一篇，來說皮膚顏色的變化。

皮膚顏色的變化，其實是全身都可以觀察到的。只是，通常因爲穿衣服，我們最容易看見的幾個身體位置分別是：臉頰、耳垂、下巴到鎖骨的脖子延伸到最靠近心口的位置。

如果主角穿V領的衣服，沿著脖子到鎖骨附近，一**直到三角形頂端的最靠近心臟的那裡**，在二十幾年的潛意識工作中，是我會很專注觀察的顏色落點。有時候，是脖子的筋絡血脈會咚咚咚咚的忽然彈跳抖動；有時候，是V領上頭一點點，特別是左邊鎖骨上面一兩公分的凹陷處，或是右邊鎖骨往上一點點那裡，會在主角說到某一個細節時，「轟——」

「轟——」出現了圓圈直徑兩公分左右的紅色印子，像乒乓球大小；有時候，不一定是正正的圓形，有時候是不規則狀，像是大拇指的紅色印泥按上去似的。「轟——皮膚顏色出現紅紅的訊息」有時候會只有兩秒鐘一閃而過，眞的很像一瞬之光；有時候，會持續存在二十秒、三十秒之久。

「轟——」**不是眞的出現的外在聲音，而是我的內心，會在看見皮膚顏色忽然變紅的剎那，心中出現的自動配樂**。也正好就是這一聲「轟——」的剎那，在看見皮膚紅點出現的那一刻，我會忽然聚精會神坐起身子，帶著善意的愛，暖暖又好奇的問：

「剛剛，是不是有什麼上來……剛剛，你的心裡浮現什麼？」

「你怎麼知道?!我剛剛，我剛剛哎呦……（深呼吸一大口氣直直接觸到了心底），我想到我奶奶用閩南語跟我說：『不要怕，勇敢的向前走。』……哎呦~哈克，你怎麼會知道我剛剛心裡有浮現東西！」

其實，我不是知道。上善若水，最好的一份善意像是水一樣柔軟。

我不是知道，我是學習著款待生命。款待生命，它不是這句話說得精不精準或到不到位，而是說這句話的時候，問出這個問句時，它的那個湯底，是怎麼說出口的。

湯底，指的是：問出這句問句「剛剛是不是有什麼上來……」時，**陪伴者的心，是不是比平常更安穩**、**更慈愛，更沒有著急**。

年輕的諮商師把這個，形容得很美：

「那眞的不只是語言，而是一種你抵達他的內心～問著，**像有一股震波傳進去**～忽然感覺到有一種被貼近的感覺，有點模糊了不再需要分清楚自己是主角還是陪伴者，就是你是一個人，就被關心了、就被觸動了。

如果用一個比喻來說，是一個很安靜又流動的水，帶有溫度流過你的身體。暖流～流過去的時候，你心裡面會很直覺的是眼淚就要掉下來了～心裡出現一個聲音說：『怎麼可以這麼的溫暖舒服，不用那麼用力，就這樣流進來～』……」

於是，我們，可以帶著舒服溫度的暖流，因爲不執著於聽故事的細節，專心聽心跳撿紅點，因爲注意到了臉頰、耳垂、或是鎖骨上方那兒出現了潛意識的訊號，像是正在跟我們說：

「這裡，這裡，我正在說的故事的這個小細節，這裡面有東西，停在這裡問問我，我就能有一個時間一個空間，開口說話，於是，我的心跳可以被聽見。」

身體正在說話，聽見主角的潛意識正在透過身體和我們說話，這件事，是款待生命好珍貴的入口。同時，當我們學習款待生命時，特別關注的並不是這個問句說得精不精準、到不到位，而是當話語說出口的時候，**陪伴者的心，是不是更安穩，更沒有著急。**

年輕的諮商師熱騰騰的吸收學習，這樣追問：

「哈克，我好奇啊～有時候這樣的更安穩，也來自於經驗、生命的累積，那對於初學者，剛開始看到潛意識訊號的時侯，像是手指微微跳動、或是鎖骨上方的紅色圓形印子，心裡會好雀躍好興奮，像是看到流星彗星，哇～我也看到了！ㄟ～好像有什麼喔～那，怎麼樣，初學者可以有一種歡迎來到的心和亮亮的眼睛，同時，心卻更安靜、更安穩呢？**如果有一個深呼吸**、一**句自我對話**……可以是什麼呀？」

哎呀，問得眞好啊……，我在菜園裡一邊收成春天紅紅橘橘香氣噴鼻的野生小番茄，一邊搖頭晃腦的想呀想！嗯，問得眞好啊～半小時後，我坐在書寫的窗口，看著窗外美麗的都蘭山，這樣回答：

「如果有一個深呼吸，如果有一句自我對話，那可以是：『……如果要迎接這個即將從心底浮上的訊息，如果我可以款待眼前這個人，那，**我的心可以準備什麼**，來迎接呢？』

感受一下，我的什麼好東西可以到來，於是可以更準備好一點點，這樣深呼吸的**和自己說話**，眞心準備了，那麼，和一**顆心的碰觸**，自然的就開始發生了。」

帶著身體感的體會

潛意識工作，和大部分聚焦在意識的諮商輔導學派挺大的差別，在於潛意識工作**比較不偏重**於形而上的思索與脈絡性的理解，不偏重這個，那偏重什麼呢？潛意識工作特別關注「碰觸」這件事，而碰觸，接觸、經驗、感受，是需要學習和準備的。

和潛意識互動時，我們常常是帶著一種「身體感」（felt sense）的體會，去懂眼前的生命，像是：

「喔~有一種掛心，嗯，那份掛心，會不會存在身體的哪裡呀？」

「夢裡匆忙奔走、找不到火車票、哎呀糟糕來不及，這個強烈的夢的訊息，如果從身體繃緊處開始觸碰，可以有機會沿著深呼吸吐氣的時刻走入內裡嗎？」

「那……忍了一整個冬天的心疼，在大哭的剎那，是不是也一起洗滌了自己……」

也因爲這樣，身體這回事，在潛意識工作者的生命中，就不會是小事，我們的身體，眞的像是演出內在豐富世界的隱喻啊！

關於身體是隱喻這件事，有的心理學家會主張：當你的內在塞住了堵住了不順暢，然後身體就容易便祕；或是，心裡有煩惱有難題有讓自己頭痛的事，然後就容易頭痛。

我的觀點呢？關於身體是隱喻這件事，我覺得不只是上面學者們說的這樣而已。我覺得：那些我們心裡的種種美麗和憂愁，可能是生涯往前走的路上有了迷霧，可能是親近關係裡有想說的話，卻找不到話語來說，這些情緒啊～這些底層的能量啊，似乎徘徊在身體的呼吸裡、血管的擴張和緊縮裡，然後，時間久了身體會開始怪怪的、興奮的，或者會有一種……怪怪的說不清楚的感覺。

如果大腿會嘆氣

於是啊，來試試看這樣想：「如果你的大腿會嘆氣……」

我是說如果，不是說一定，如果，你的大腿會嘆氣，那你試試看，用右手輕輕的柔柔的關心一下你的右大腿，在側邊那裡，有點力道的又不著急的來回搓揉，然後，忽然來了一個深呼吸，那呼氣的尾巴那裡，好像是嘆了一口氣似的……

如果大腿會說話，嘆了一口氣的大腿會正在跟我說什麼呢？聽聽看！

可能是……「厚～怎麼會一直找不到真正想要的呢？」

說不定是……「老天爺對我真好，今天的咖啡，真是香醇美麗啊～」

可能是……「可不可以事情順利一點點，一直這樣不順利實在是快要撐不住了。」

親愛的朋友，你的大腿如果會嘆氣，那嘆氣，正在跟你說什麼呢？如果你的腳底會咯咯笑，咯咯笑會在說：「……」

如果你的肚子會唱歌，那唱歌的肚子會在說：「……」

還有啊，如果雙手可以帶著力量阻擋些什麼，那手勢會在說：「……」

如果雙手準備好了要邀請什麼進來！要展開的手會在說：「……」

嘆氣的大腿呀～說不定有了第一次順暢的輕輕的嘆氣，第二次吸進更多空氣，長長的嘆氣說：「辛苦了……親愛的自己，我們一起來加油唷～」

唱歌的肚子呢～肚子動來動去很像在跳肚皮舞～問了又問，唱歌的肚子說：「做這件事情還是有好玩的地方呀！那來看看哪裡還有好玩的？還是不然乾脆來創造一點其他快樂好了！」

聽聽看，很好玩喔～因為聽見了也看見了，於是聽見了心底的心跳聲，於是，越來越穩定的給出了潛意識工作的滋養又溫潤的湯底。

3-4 聽見顫抖的聲音

「聽心跳」，是潛意識工作的美妙核心技藝之一。

前面很開心的說了**聽心跳**的兩個焦點，一個是左手食指動呀動的可愛模樣，**微動的手指**就是那一**瞬之光**；另一個是眼光聚焦在下巴和鎖骨之間的皮膚顏色撿紅點。這一篇來說「聽心跳」最核心的方法：「聽見那顫抖的聲音」。

可能比同理心更深層的同在體會

諮商理論學派裡，有一個規模不大也不張揚的經驗學派（Experiential Approach），它沒有很大結構的諮商理論，但是晤談方式是我很著迷的，特別美妙的是，諮商師和個案，兩個人的椅子朝向同一邊同一個方向，而不是大部分諮商晤談偏好的彼此坐著的方向是夾角九十度到一百二十度。

也就是說，如果個案眼睛看出去是一個窗格和窗外的一棵苦楝樹，那麼，諮商師也會看見一模一樣的那個窗格和那棵苦楝樹。這個椅子朝向同一方向的安排，像是兩匹駕車的馬並肩往前奔馳的模樣，讓諮商師自然的不把心思放在一直努力去理解個案的思緒，而是，要去高度覺知的**「去感受去體會去想像」個案到底他「正在經驗什麼」**。

我依稀記得年輕時，遇見一位經驗學派的大師（印象中是學派創始人）來臺灣講學，我正好被安排擔任講座的現場即席翻譯的口譯人員。那是超級挑戰的翻譯工作，同時，又眞的好有意思！

潛意識工作，和經驗學派在概念上挺相似，沒有那麼強調一定要去聽故事的細節，而是去聽：**這個正在被訴說著的故事底下，有什麼東西，是主角眞正想說，或眞正在意，甚至可能其實連他自己都不清楚的地方**。

經驗學派裡的「兩個同方向的座位」本身，創造了一種能量高度聚焦的氛圍，叫做「讓我完整的去體會你的經驗吧」。這樣的做法，和同理心有什麼差別呢？

同理心，是助人專業裡很多人用心學習的主題。我們來看看同理心和上頭說的「讓我完整的去體會你的經驗吧」有什麼不同！

同理心，簡單的定義是：同理心＝簡述語意＋反映感覺。帶著同理心去傾聽，我們去聽主角訴說的故事裡，內容概念上的意義，把它做大意的簡單描述，同時，去聽故事裡的情感，然後把聽見的情緒感受表達給主角。這裡，有大量的意識專注運作，似乎重點在於理解和運思。

我有時候會描述自己是一個「愛體會」的人，而不是一個「飽讀詩書」的學者。學習，偏知識；體會，偏感受。潛意識工作，我猜想，比較接近「帶著感受的學習」，或者「學習靠近體會生命」。

潛意識工作裡的「體會」（Experiencing）的意思是說，我們在心裡面一直專注的問：「這個孩子他到底現在正在經驗什麼？」

……是不是這個孩子，好像正在經驗一種黑暗，很渴望光線的來到，可是偏偏觸摸不到那一絲絲的希望，他好盼望好盼望，可是又有一點點害怕，害怕光線來的時候，突然太亮了。

剛剛這段描述，**不是**在簡述語意，**不是**在表層的意識思考，**不是**在揣測范仲淹的這篇文章的大意是在說什麼，**不是**去想到底ＡＢＣＤ四個選項哪一個才是對的答案。而是去靠近內在，用可以貼近的形容詞去描述，去**體會**到主角的心裡，那仍在水面下的又嚮往光亮的，正想要浮出水面的……

而聽見了**聲音的顫抖**，正好是走進 **體會的這座山林** 隱密又珍貴的登山口。

如果你有機會看我現場做主角示範的時候，主角說著故事說著自己，正說著開心也說著掙扎，然後，你會忽然聽到我對大家說：

「有沒有，有沒有聽到剛剛那個顫抖的聲音！」

在看似沒有什麼變化的故事訴說的流裡，我會忽然聽到眼前的主角出現顫抖的聲音，它很像是立體的音響在我耳邊播放，呼喚著我，要我全心全意的聆聽、體會、感受、接收。

顫抖的聲音

一個聲音，它怎麼會抖，**抖就是有個東西想要出來，可是**意識不太贊成它出來，或是不太確定它出來好不好，**可是**它又很想出來，所以它就會很像是波浪一樣，像是聲波的浪湧出……有點像是撞到了，湧動的海浪撞到岩石「啪～啪～啪～」抖起來，顫抖，它很有意思，是什麼讓顫抖發生？

可能有一個擔心一個害怕，可是又偏偏好想講，好想浮出水面，好盼望照到陽光，那一份擔心和害怕，那一份不允許這個聲音浮現的擔心和害怕已經存在很久了。**擔心和害怕的防守系統是曾經的老大**，主控這個心裡的世界已經挺有經驗了。而，那「聲波的湧浪」是新來乍到。

新來乍到，所以不熟悉，所以不習慣，所以通常一晃眼**就又被壓下去了**。

可是。

陪伴者的專注的一聲：**「有沒有，有沒有聽到剛剛那個顫抖的聲音！」**，瞬間把握一瞬之光的剎那**跟上了**、**進入了**這個登山口，像是水底的泡泡被打了光，忽然，深深的海底的黑暗，有了亮亮藍藍清明的顏色，我們忽然，跟上了「心跳聲」。

此時此刻，我們跟上的，是顫抖的聲音裡頭，那想被聽見的內在，可能是力量，可能是小小的又貼著內心的需要。

還記得爲什麼我們要跟（follow）「左手的食指」嗎？因爲外顯的右手擋住護住（也就是剛剛說的：防守系統／曾經的老大），右手手掌壓住左手，讓它不要被看見不要被聽見。

而我們，帶著虔誠的愛，暖暖的心意，**去「跟」**那最後終於冒出來的小嫩芽、冒出來的一點點光線、一點點光點氣泡、一絲絲希望。

難，也是難在這裡，我們知道要跟，但是「要怎麼跟」？下一篇，「**溫柔的時間感**」來完整的說。

3-5 溫柔的時間感

上一篇說到，帶著又誠摯又暖暖的心意，**去「跟」**眼前的生命冒出來的一點點光線照亮的小嫩芽。我們去關注「左手的食指」透露的訊號、去追蹤那鎖骨上方心口旁邊的撿「紅點」，也閉著眼睛感受「顫抖的聲音」往心裡走，看看曾經的老大那堅固的防守系統擋住的裡頭，什麼，帶著心跳的聲音，正等著 被聽見。

那，「要怎麼跟？」

這一篇「**溫柔的時間感**」來說**如何跟隨，走進深處**。

不要告訴我，放在心裡就好

春天的早晨，心裡跳出一個讓自己微笑的新名詞：「溫柔的時間感」。

當眼前的生命正在說著自己的故事，忽然，一個隱密幽微又帶著心跳的訊息出來了（可能是手指頭忽然彈跳、可能是鎖骨上方出現紅色的圓形），這個時候，我們要怎麼去跟隨它、傾聽它，給出一個可以呼吸可以生長的空間，而不是讓它忽然因爲一下子照進來的光線太強而見光死。

來看看這段工作坊的示範現場，珍藏多年的對話……

「……我從小身體就瘦弱，沒有辦法進行激烈的運動或競賽，小朋友們玩那些奔跑的遊戲，我常常只能在樹下遠遠的看著。印象中，最開心的時光總是在那個星期三晚上才有的夜市，我沒有強壯的雙腿，但我有靈巧的左手和右手，回想起來，我……**特別**喜歡坐在那個小凳子上，專注的玩夜市的撈魚……

撈魚的那個老闆對我**特別**好，每次我玩完要走的時候，老闆都會拿大勺子，多撈兩條又漂亮又比較大的那種比較難撈起來的魚（聲音明顯的開心又興奮），然後……**特別**多送我幾條魚（特別這兩個字的聲音顫抖了起來）……哎……（聲音抖的同時伴隨急促的呼吸）……」

工作坊的現場，故事來到這個時刻，你會聽到我對著示範主角說：「好像有個東西正在冒出來（深呼吸……），**我要你放在心裡，不要告訴我。**」

這個剎那，帶著力量的說出這句話，像是把原本可能帶來見光死的外界光線 外界眼光，**直接調暗**。主角因爲被傾聽而逐漸靠近了心底，感覺快要觸摸到內牆裡的自己，這個時刻，因爲心底的東西忽然馬上在明亮的空間被所有人看見，那是很危險的事呢，所以，我帶著力量，把光線直接調暗。

會直接講出上面這句話，是因爲聽到了顫抖著的聲音，而顫抖的同時，眼淚正在往上走，而**那即將被眼淚流淌的臉龐，那和聲音同步顫抖的下嘴唇，我聽見了，我聽見那裡面有一種脆弱**。

於是，我把握那珍貴的一瞬之光，直接講出這句話「好像有個東西正在冒出來，我要你放在心裡，不要告訴我。」想著，盼望著，祈求著，能不能在這關鍵的一秒，創造更安心又更安全的氛圍。

在這個時刻，要怎麼去**辨別**這個顫抖這個眼淚帶有一種脆弱呢？**爲什麼需要護住擋住**，爲什麼防守系統曾經的老大，會把珍貴的心跳聲壓在裡面不讓它出來？

常常，是因爲那個脆弱，它一出來不一定可以被接住，不一定可以被喜愛，因此 fragile 脆弱，因此 vulnerable 容易受傷的，我通常會在眉宇之間，眼淚剛剛出來的時候，看見那份脆弱，於是我就會說：

「好像……是不是……有什麼正在浮現，不要告訴我，放在你的心底（**語氣堅定又接納的說**）。如果後來有適合的時候想說，再說。現在啊，完完整整的跟它在一起跟自己在一起（**語氣變溫柔又暖暖邀請的感覺**）。」

這很像是在實驗室，用一個培養皿正在培養一個剛要生長的小生命一樣，你要把溫度、濕度都照顧好，而不是把它放在大自然裡讓它自生自滅。培養皿，是暫時的，但是很重要，像是厚厚的一層柔軟的草鋪底，當顫抖的內在從心中拋出來的那一秒，將被這個柔軟的草的鋪底接住。

兩個核心元素：「遼闊」「柔軟」

溫柔的時間感，可以怎麼來？我們來看看這兩個元素「遼闊」「柔軟」。

第一個，遼闊，它是一種**寬闊的迎接**。

我喜愛的詩人泰戈爾這樣說：「朋友！不要守住你內心的祕密。悄悄地告訴我吧……你，那麼溫和的微笑，輕柔的低語，我的心會聽到，而不是我的耳朵。」

要顫抖的主角把心裡的話語放在心底，不要在工作坊的現場說出來，是在承接與照顧主角的脆弱。而同時，另一部份的心，走到升起那遼闊的天空，準備迎接著接下來可能的馳騁飛翔。

記得！準備著的、迎接著的，泰戈爾有教我們，不是耳朵喔，是整顆大大的遼闊的心。

「撈魚的小女孩啊，在長長的生命河流裡，不知道，這個特別的給予，如果有一條線，直直連結到她的心底，那會連到哪裡呀？」★

★陪伴者小訣竅

上面這句粗體字的話語，陪伴者可以在心裡安靜的，不出聲的，像是在遼闊的天地裡，一邊和自己說話，一邊和內在的智者商量，同時，也一邊和天地請教。因爲這樣的不出聲的和自己說話，就正好擁有一份溫柔的時間感，待在了主角的心田旁，於是寬闊又柔軟的迎接著。

很神奇的是，即使沒有說出口，這份遼闊、這份寬廣的願意聆聽，卻已經完整的在天地之間存在了，陪伴者的神情、呼吸的聲音，都會讓這個溫柔的時間感的存在，被主角接收到心裡。於是，常常在下一個深呼吸之後，我們聽到顫抖的線頭正在牽引我們靠近：

「哈克，我剛剛講到那個夜市撈魚的老闆，忽然好觸動，我想到我從小是和媽媽一起住，我常常羨慕同學有爸爸送他們上學……（這時候來了一個深呼吸，然後淚水滑落）然後……那個……夜市撈魚的老闆，對我的好，**特別對我的好**，好像是我記憶中，第一個像父親一樣的愛的源頭……哎呀……怎麼會這樣，只是撈魚啊！」

是啊，只是一個撈魚的勺子啊，小小的勺子怎麼會撈起了暖暖又寬廣豐盛的愛呢。

溫柔的時間感，第二個元素叫做柔軟。

柔軟，是一種**安心著地的承接**。柔軟，像培養皿似的，是光滑安全穩固的玻璃裡墊上柔軟的底部，於是，讓一個脆弱的、易受傷的、新的、浮現的生命可以有生長的地方。

泰戈爾說的很帶勁：「**向日葵因承認那無名之花是她的親戚而羞愧。太陽上升時卻對**

無名之花含笑地說：『我的愛人，你好不好？』」

這一份柔軟，裡頭有一種很特別的看重。這份看重，很像是「即使外面的世界沒有覺得這個有什麼了不起、有什麼重要」，我們都深呼吸一口氣準備著要來迎接它的到來。

「是啊，只是撈魚啊，只是一個平凡的星期三晚上的夜市啊……那裡，細細又悠遠的，好像有一條線，拉著，牽著，或是握著妳小小的柔柔的，愛的雙手……」看著眼前的脆弱又帶著力量的孩子，我這樣說。

「對ㄟ，哈克你怎麼知道！我的心裡真的好像從這裡看見一條長長的愛的線條呢～我到現在眼睛閉起來，都還可以清楚的記得，那兩條多出來的漂亮的魚，那特別多出來的，特別的愛，呵呵，哎呦～我好喜歡自己這個故事喔，我回去要把這個小故事寫下來～」

這部愛的紀錄片，在跟隨心跳的陪伴時光裡，其實，已經在心底拍攝下來了。好多年好多年之後，電子信箱裡竟然來了這樣一封溫暖的信：

「親愛的哈克，我猜想你說不定已經忘記我了，我是好多年前的那個喜歡在夜市撈魚的小女孩……

那時候我好像忘了告訴你，不知道是不是老天爺安排的湊巧，我小時候撈魚，夜市那個賣錄音帶和CD的攤子放的流行歌曲，正好是伍思凱大聲的唱著：

『特別的愛　給特別的你
我的寂寞　逃不過你的眼睛……』

我有時候會想，是不是夜市老闆那時那份特別的愛，讓我有了勇氣，敢去相信：我是一個值得被愛的生命。

我這幾年在新加坡的廣告公司工作，主要是做廣告文案的書寫，很忙也很喜歡自己的生活。真心祝福你在臺灣，平安健康。」

多年之後，整理這本書稿的五十三歲的我，重讀一次這個故事，依然熱淚盈眶，觸動於那美好的陪伴時光。

不知道撈魚的小女孩知不知道，伍思凱的那首歌，這麼多年來，也常常縈繞在我的心頭：「特別的愛　給特別的你　我的寂寞　逃不過你的眼睛……」

3-6 引導冥想——抵達柔軟

來說說潛意識工作裡，引導冥想裡頭的「抵達」和「柔軟」。秋風裡，好學的諮商師開著車，長途跋涉來東海岸提問：

「哈克，引導冥想，跟一般的談話有沒有差別呢？引導冥想，是怎麼樣，帶來**讓情感和思緒可以 有空間的流動？**」

我一邊摸著窩在腳邊的狗狗，一邊慢慢的說：

「引導冥想，表面上看起來，和日常生活的說話其實沒有太大的差別。同時，內裡來講，語法結構和說出口的**音色**、**語調**、**呼吸**，有挺大的差別。

那天，多虧了林懷民老師的照顧安排，有機會人生第一次聆聽林玲慧女高音的義大利歌劇《波西米亞人》，那音色，哎呀，那音色……

我當然聽不懂義大利文，但是，那音色，瞬間逼出了我滿腔的眼淚。

爲什麼？

爲什麼明明就聽不懂義大利文，可是，情感的流動、眞心的感受，忽然就在那飽滿的音色裡，沒有阻礙的走進了我的心裡，或者說，我的心，**忽然沒有阻礙的抵達了**那裡，我的心，瞬間就被**暖化又軟化**。引導冥想，如果做得又好又自然，就會很像林玲慧老師穿透的音色那樣，直抵人心。」

來多說明一點。引導冥想和一般的談話，最明顯的差別其實是：一般的談話，因爲是「我和你的禮貌性的來來回回」，人家有來，然後我需要有回。於是，我們進入到一種比較像是「符合社會禮貌規則下的習慣性說話反應」。

我們一**旦處在這樣「覺得要有禮貌」**，**認知到「需要有不出差錯的反應」時**，那些內在眞心的在裡頭的、等著冒出來、浮出來、跑出來透氣的，那些心底的好東西，那些在**原本以爲的自己生命疆界之外**的美好可能（也可能是牆內美麗的自己），就按兵不動了。而這些，這些等著冒出來、浮出來、跑出來透氣的，正好就是潛意識工作最期盼的呀！

還有啊，之所以選擇引導冥想，最內裡的目標常常是碰觸內牆裡面的自己，那是意識之外的土地，同時，也是自己的土地，只是因爲太匆忙太塡滿，人們在一般的生活工作的時程裡，不容易碰觸感覺到。

所以，引導冥想常常在一段帶著主題的描述之後，會有這麼一段不短的盤旋描述手稿：

「不知道在這個時刻這樣的內在空間裡，閉上雙眼的你，接收到了什麼……**可能是**以前沒有感受到的，**可能是**和周圍環境的關係，**也可能是**和自己的對話，可能是一個訊號，有沒有在微笑裡收到心中以前 沒 有 出 現 過 而此時此刻正 在 來 到的……」

這樣的引導冥想手稿，看似簡單，但是，如果擁有安靜的心和安穩的聲音，唸呀唸，主角的心在某一個時刻感覺安心，感覺安頓了，那內牆裡面的珍貴的自己，那些以前不知道的但是其實是自己的，就有機會終於拿回手裡、心裡、手心裡。★

讓生長「已經開始」

靠近中午了，陽光灑落，看著眼前用心學習的諮商師，我繼續這樣說：

「你剛剛說你在開車來的路上，聽著我的『與人連結的三個祕密』引導冥想聲音檔，你就覺得你『已經開始』了。這句話很關鍵喔，因為我們盼望聽到的就是這種反應，叫做：**我『已經開始』了**。

已經開始什麼？已經開始正在接收到……以前沒有碰觸到的，可能是身體傳遞給自己的一個訊號，可能是收到心中一份帶著微笑的發現。

覺知心理學的大師康菲爾德常常使用『arrive』這個字。抵達了，來到了，開始了。很有趣的是，**不是要去抵達到**哪個目的地，**不是要終於去到**遠方和夢想，而是，**要來到此時此刻**。

當我們說：『有一種感覺，好像是……已經開始了。』那裡，有一種，本來被掩蓋的，開始生長了；已經抵達了自己的心田，接觸到了。

碰觸到了自己的心田，是啊，那其實才是我們要抵達的地方吧～不是要去達成什麼目標或是完成一個計畫，所以才叫做成功；不是北美心理學早期堅持著迷的，設定目標，然後擬定計畫，進入行動模式，然後趕緊完成。

碰觸心田，抵達此時的眞實，和成功不一定有關，只是，跟喜悅似乎很有關連。就像是你剛剛說：『我開車來的路上聽著引導冥想，就已經開始了。』那個開始的感覺，感覺到**內在空間的流動**，情感**忽然之間好像就柔軟～了下來**。

你會覺得，時間柔軟了

覺得外面的世界，都變得更好看了

怎麼，色彩忽然這麼美

怎麼，聲音這麼好聽……」

★潛意識工作進階學習

引導冥想單單用文字來理解，會比較受限，因爲語調、語速、聲音的品質都比較不容易從文字裡感受到。還好，這十多年來累積了不少聲音作品，想進一步學習體會的朋友，可以參考下面幾個作品：《讓愛成爲一種能力》（方智出版）的書附有哈克的聲音引導：「與人連結的三個祕密」（啟點文化）線上課程裡有哈克經典冥想聲音檔，包括「把時間軟化，讓愛進來」「探索內心的象徵～你是太陽還是月亮」「學會欣賞差異：苦楝和椰子樹」。

帶著藝術感的心理學家

這些變化，很多人都是在靜坐之後會有的一個驚喜。只是，靜坐的難度比較高，要能跨過靜坐「相對單調的儀式和時間持續長度」眞的不容易，需要依靠更多的內在力量。而潛意識工作中的引導冥想，其實就是介於「一般的談話」跟「靜坐」之間的一個**帶著藝術性的心理活動**。用圖示來說，就會是這樣：

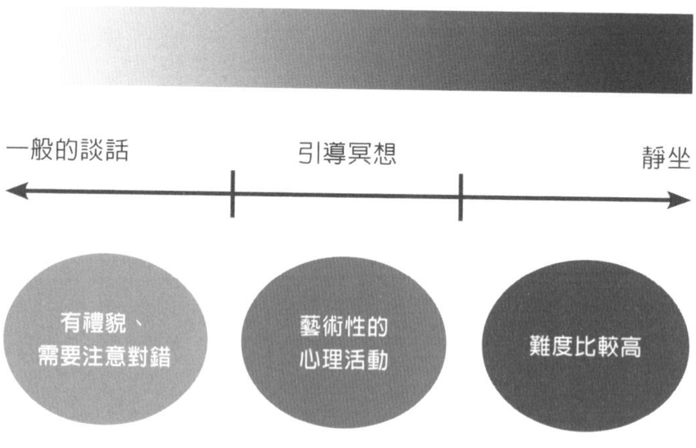

引導冥想是介於一般談話與靜坐之間的心理活動

其實，潛意識工作者，很像是**帶著一種藝術感的心理學家**，用錦敦的話來講叫做「在感覺裡思索」，或者說「一邊思索一邊感覺」。

年輕的諮商師似乎想到了什麼，歪著頭，五秒鐘後開口問：

「哈克，音樂呢？引導冥想常常搭配鋼琴

或吉他的輕音樂，是不是音樂也爲柔軟一顆心帶來一些幫忙呢？」

「呵呵，對！音樂眞的是一個很棒很棒的存在！引導冥想啊，因爲有音樂陪襯，也因爲離開了一個禮貌性的、規則性的對話，於是，人不需要在框框裡回應，因而，有機會能夠一**邊自由的思索，又一邊有流動的感覺**。

同時，帶領引導冥想時，帶領人或寫手稿的人，正在好像鋪排一個世界，表面上沒有互動，可是正在鋪排一個世界讓你可以走進去，帶領人鋪排的其實只是一個世界的入口，一旦走進去了，你就**走進自己的森林**了，**看見自己的大海**了，忽然之間感受到陽光了，內在柔軟又流動了。」

調製很好喝的紅茶拿鐵

用個隱喻來形容引導冥想，引導冥想裡頭的機制其實很好玩，很像是……我們正在現場調製一杯很好喝的紅茶拿鐵。

水是我提供的，熱水啊，我幫你煮好，溫度用心的顧好。

只是，茶葉是你的。而牛奶，是你找來的。

所以，我不能清清楚楚又完完整整的告訴你，你的茶葉是哪一種，是錫蘭還是阿薩姆，我沒有能力告訴你，你的茶葉是當季現採紅烏龍還是陳年普洱；同時，我其實也不清楚，你找來的牛奶是初鹿鮮奶還是瑞穗嚴選。

但是，**我會很專心的 把那壺水 煮好**。

陪著你，順暢的像是自然而然的，泡出好喝的 紅茶拿鐵。

這，就是抵達柔軟的引導冥想。

抵達，柔軟，是潛意識工作的心法，那引導冥想的技法呢？文字編排如何呈現呢？下一篇，閉上眼睛之後的美妙世界，有一個新鮮出爐的引導冥想手稿，來體會學習引導冥想的各個面向！

3-7 閉上眼睛之後的美妙世界

清晨讀書，讀到了蔣勳老師這樣說建築工藝之美：

「最難忘記的動人建築，最美的部分，往往不只是外在可以看到的形式，而常常是一層一層形式包容住的那一個虛擬的內在空間。好像達文西說的，一個好的教堂，應該使人感覺到是進入了人的內心世界。」

上頭文字的兩組關鍵字，「動人」「最美」，正好也是潛意識工作在閉上眼睛之後，能否進入內心世界的關鍵按鈕。

讀書，搖頭晃腦的欣賞一本書，可能是讀一行禪師的話語，可能是閱讀蔣勳老師的文字，通常主要先是意識部分的接收，同時，如果讀著讀著，忽然感動一陣襲來～這時候，其實瞬間已經走到了意識和潛意識的交界之處了。

而引導冥想，是用心編排又精心設計好的一份神祕配方，讓這個交界之處的美妙時光，那期盼已久的動人和最美，能夠加強又加速的提早到來。

或者說，一行禪師的話語像針，戳破了意識的某個表層、框框。而引導冥想裡，柔軟又開闊的文字和聲音，像是針頭後的長長的棉線，柔柔的綿延到心裡，織成美麗的圖騰。不知道為什麼，我真的深深相信，每個人的心底，都有美麗動人的圖騰。

圖騰，像標記、像記號，是有生命的。人之所以會表面看起來似乎有醜陋的模樣，常常是因為害怕。如果不需要害怕了，如果慌張被迎接了，美麗動人的圖騰，就開始有了被觸摸的可能。引導冥想帶著美和感覺的文字，加上柔軟蓬鬆的聲音和語法讓人的慌張和害怕有足夠的空間撤退，於是，溫柔有了傳遞到心底的橋。

潛意識工作裡頭的引導冥想，典型的流程有三步驟：

步驟一：閉上眼睛……

步驟二：這裡說說那裡說說，然後順手鬆開繃緊的心弦。

步驟三：真的說點有料的來觸發一段探索或內在整理。

三個步驟怎麼理解呢！直接來，讀讀下頭這個二〇二二年新出爐的哈克引導冥想手稿。

〈來，脫下那件已經陳舊的毛衣〉

（讀著的朋友可以想像哈克的聲音，也可以想像你希望唸給你聽的人的聲音）

接下來，大約有二十分鐘的時間，我會帶領著一段內在旅程，像是啓程，像是抵達，像是出發，也像是安靜的休息。

邀請你閉上眼睛，我們的內在很可愛，睜開眼睛時比較習慣認眞忙碌，而閉上眼睛之後，很好玩喔，好多美妙的畫面說不定會來到，有一些忘了的但是挺珍貴的聲音會浮現，像氣泡一樣，波波～波波～浮上來。

對～安心的 又微笑著 閉上了眼睛

對～深呼吸在這個時候常常自然來到。隨著深呼吸的吐氣，對，往心裡走去。蔣勳老師說：「大部分時候，美是心靈上的感受，『忙』是心靈的死亡，生活一忙，心靈粗糙了，也就難以承受美。」

忙這個字，正好是左邊一個心字，右邊一個死亡的亡。意思好像是，人一忙，心就沒有了不見了。那，怎麼樣，可以不忙呢？

來**忽略**什麼，於是可以**在意**什麼。（這一句慢慢唸，然後給出空白五秒鐘。）

有一些曾經，如果可以放下曾經的扛著的擔子，勇敢又輕盈的向前走，這，哎呀，好像說起來容易，做起來眞不容易啊……

長長的生命的河流裡，如果能夠勇敢又貼近自己的心跳，那該有多好呢？如果能夠又有力量又有彈性，而且不盲目不衝動，是一股穩定的持續的力量，是不是一想起來就知道，是好靠近心底又值得感受一下的自己啊……

來**忽略點**什麼，於是可以**專心在意了**什麼。（這一句加入多一點力量。）

生命的季節是會移動的，上一個季節已經到了尾聲，而新的季節，已經在眼前來到，於是，我決定脫下哪件已經陳舊的衣裳，爲的是盼望著後來可以騰出雙手，於是有了時間爲了新的出發，縫製一件新的亮麗的衣裳，或者一件帥氣又可愛的新背心。

來**忽略**什麼，於是可以**在意**什麼。（這一句唸的時候像是歪著頭思索著。）

不知道你的生命，來到這個季節，想要忽略什麼，在意什麼，或者，脫掉哪一件陳舊的毛衣呢？

我自己三十歲的時候忽略辛苦，在意眞的學會心理治療的功夫。而五十歲的我正學習放下這個放下那個，眞心在意於天地之間付出甜美的愛。

我著迷的心理治療主要有兩種。一是不把傷推走，讓慈悲的愛像太陽一樣流進來，愛和傷終於可以一起。二是像呼喊出龍的眞名，因爲一個渴求、一個掙扎的名字被呼喚出來了，因爲給出了帶著祝福的命名，所以生命得以安頓著地。

這樣的著迷，需要豐沛的能量和暖暖的內在，而豐沛流動的好狀態，正好需要把**曾經非常需要的但其實現在已經還好的**，放下，或者，從生命的正中央移動到可愛的小角落。

於是啊，這個季節，我聽到了心裡一個不太大聲但又挺確定的聲音：「嘿～親愛的自己，當上個季節勤勞儲存的資源和力氣已經不少，或者，連歲月累積的遲疑也已經足夠，說不定啊，我們來脫下那件其實已經斑駁的 沒有安全感的毛衣了，好嗎？」

我有一件陳舊的毛衣，叫做「沒有安全感」。那是童年的曲折困境，伴隨我長長的成長軌跡，我其實一直都不知道拿這件毛衣怎麼辦……於是，孤單來的時候，排天倒海，於是，需要溫暖的時候，心口肚子都冷得發抖。（配樂在這裡進來～）

這件陳舊的毛衣，一晃眼也已經穿在身上三十年了，於是，在那個大雨磅礴的清晨，我決定，不再去想「爲什麼我會那麼沒有安全感了」這個問了自己上千次的無效問句。心裡深呼吸決定，脫下吧。脫下這件其實已經陳舊的毛衣，是時候了，咱們來長點新的，盼望點新的。盼望什麼呢？來，先把那個無效問句置換成新的問句好了，來這樣問：

「有誰，他的生命因爲經過了我而變得更好、變得更自由？」

「這個時刻，這個時間，有因爲我的碰觸而變得更美好嗎？」

「生命中曾經有誰，因爲他的陪伴和存在，而讓我變得更自由、更喜歡我自己？……生命中有誰，因爲我的陪伴，而變得更喜歡自己？」

就這樣，問了自己新的又很立體的問句，於是，每問一次，很像是又一次的脫下那件陳舊的毛衣。

我在土地上作農，很喜歡流汗之後脫下衣服，舒服的洗澡，然後穿上清爽乾淨的、剛晒過的衣服。夏天熱的時候，有時候一天會有三四次這樣脫下衣服，換上新的乾淨的衣服。

我想，如果每一次脫下衣服，穿上剛洗好的乾淨的衣服，都可以是一個新的開始，那麼，後悔遺憾失落，是不是都可以隨著脫下的那件衣服，而剛剛好的安頓在屬於它的過去……

親愛的朋友，如果有一件陳舊的衣服，等著你脫下，換下，或者，一鞠躬謝謝這件陳舊的毛衣，那，會是什麼呢？（配樂在這裡增強～）

說不定，在心裡，在音樂的旋律裡，你看見了這件衣裳，什麼顏色的呢？剪裁是什麼形狀，摸起來的質料是麻布、棉布、毛線、還是尼龍呢……讓自己完完整整的感覺這件陪著你很多很多年的衣裳……

這件陳舊的衣裳，如果有一個名字，是不是時候到來了，可以聽聽看，這件等著你脫下的衣服，它的名字叫做……

因爲新的季節的來到，可以脫下的，會不會是……「無法安心休息的、總是覺得不夠的還要更努力的自己」……

也說不定，有可能是……「容易害怕不安的、容易緊張擔心的自己」……

在閉上眼睛的流動的內在，也說不定感覺到，有可能是……「不允許自己完全放鬆的自己」或是……「容易著急，害怕太慢、害怕來不及的自己」……

還有啊，有些人會發現，乀～我說不定可以試試看，就只是一個念頭，先試試看，要不要脫下那件「很容易生氣的」衣裳……嗯，說不定，也可以考慮，脫下那件「一生氣就想把身邊的人推開」的衣服。

身上，會穿上這件衣服，通常都是因爲當時很需要，特別是因爲那時候很需要保護自己，保護自己那豐盛又柔軟的內在寶藏，於是，不由自主的穿起了這件其實**不一定**屬於自己的衣裳，那是那個季節的無奈和委屈堆積起來的塵土飛揚，我們，一鞠躬謝謝那時的保護，眞心謝謝，然後，**深 呼吸**~在吸氣的尾端，脫下**這件**陳舊的衣裳，在吐氣的時刻，微笑送行……喔，好像沒有脫乾淨，好啊，這很正常，來，深呼吸，再來一次！

美麗的事情，不怕再來一次。

深 呼吸~在吸氣的尾端，在心裡的畫面裡，眞的動起來，脫下**那件**陳舊的衣裳，然後啊，在長長的吐氣，微笑上來，慶賀，送行……

赫曼赫塞說：「我的心中不禁升起一股嚮往，猶如羅盤上抖動的指針，指向遙遠的前方。」

蔣勳老師說：「月桂的香很淡，像一個夏天黃昏最後流連不去的光，若有若無。……

月桂葉會被蒜片及洋蔥的辛烈衝鼻的氣味掩蓋嗎？好像不會。……它們很篤定自己的存在，氣味這麼淡……停在一切濃烈的氣味之上，悠長而持續，好像許多激昂的旋律底下那連續不斷的大提琴沉穩的低音。」

於是啊，最後終於，我們好用心好細緻也好努力的，為自己空出了大大的空間，來放置「像是羅盤上抖動的指針的那個新的嚮往」，或者，在一次又一次的未來的深呼吸裡找尋那「像月桂的香味一樣，淡淡又篤定的存在」。

★陪伴者小訣竅

有沒有看到特別標注的「這件」和「那件」，這件，輕聲唸，像是準備好要放下了；那件，像送別似的心情的吐氣，感覺幾乎已經送走了的感覺。有機會現場工作坊，哈克來帶著大家一起這樣唸這兩個字！

3-8 細部拆解：引導冥想手稿

上一篇說到，引導冥想，是用心編排精心設計好的一份神祕配方，爲的是順暢的也早一點抵達意識和潛意識的交界，於是讀懂了生命原有的美麗圖騰。這一篇，來細緻的拆解上一篇的手稿〈來，脫下那件已經陳舊的毛衣〉。

〈來，脫下那件已經陳舊的毛衣〉手稿拆解

來分成五個段落細細拆解，五個段落分別是：**起**、**碰**、**深觸**、**拿**、**望**。

段落一：起

接下來，大約有二十分鐘的時間，我會帶領一段內在的旅程，像是啓程，像是抵達，像是出發，也像是安靜的休息。邀請你閉上眼睛，我們的內在很可愛，睜開眼睛時比較習慣會認真忙碌，而閉上眼睛之後，很好玩喔，好多美妙的畫面說不定會來到，有一些忘了的但是挺珍貴的聲音會浮現，像氣泡一樣，波波~波波~浮上來。對~安心的 又微笑著 閉上了眼睛。對~深呼吸在這個時候常常自然來到。隨著深呼吸的吐氣，對，往心裡走去。

引導冥想的「起」，主要是要讓聽者，安心的閉上眼睛走進內心世界。這樣的能往內走的安心感，是怎麼來到的呢？

第一個：時間清晰——「接下來有二十分鐘的時間」，清楚的說帶來意識的放心，於是願意給出大大的空間。

第二個：在語言中注入暖暖的期待——「可愛、好玩、珍貴、自然來到……」

第三個：對於可能發生的種種給出立體的形容——「像氣泡似的波波~波波~」

這樣的安排，可能帶來什麼樣的內在狀態呢？借用一下年輕的諮商師的形容：「……是一種我被充分準備好狀態，帶著柔柔的自己要開始去體會……真的心中充滿期待，像是可以掀開那布幕，可以看看後頭的好東西，同時也有心安，非常滑溜的走進去。」

說明白，和暖暖柔柔的說，是「意識上的教育」和「引導冥想」很大的差異點。意識上的教育傳達，重點在於把概念說明白把邏輯原委講清楚；而引導冥想的暖暖柔柔的說，是為了承接辛苦、為了擁抱掙扎、為了滋養照顧。所以，一樣是講圖騰，說明白是把圖騰的線條給說清楚交代完整了，而**引導冥想如果說到了一個人心底的原始圖騰，為的是，讓這個美麗的印記，在溫柔裡在暖意裡，被輕輕的用手捧著 撫摸**。

年輕的諮商師這樣說：「很喜歡閉上眼睛那一段的好玩，像氣泡般 波波……像是可以聽到那個聲音，下一段馬上轉入『忙＝心亡』，上一段輕鬆有趣，下一段就帶著我們下潛了……」

氣泡這裡真的很有意思！聲音隱喻的使用，在引導冥想裡極其關鍵，很像是喝五十嵐 冰的紅茶拿鐵時的「那個吸管」。尤其在團體帶領的氛圍裡，因為光線調暗了，大家舒服的躺著或倚靠著，所有的感官最整個打開的正好就是聽覺。所以這個時候，氣泡波波～波波～特別是**短音的有節拍**的這樣的音節，會帶來很順暢的像是進行曲般的「內在推動力！」

再來說一點閉上眼睛之後，意識下潛的手稿設計。年輕的孩子讀了上面這段手稿後輕輕巧巧的這樣說：「哈克，你手稿裡的**『像是啓程，像是抵達，像是出發，也像是安靜的休息。』**這段話好迷人哪，**怎麼看似衝突卻一點也不違和呢～**」

我聽了很喜悅，這樣說：

「哎呀，你欣賞到了這個手稿裡很關鍵的地方呢！我覺得潛意識工作很迷人的地方，其中一個就是：『表面看似衝突，但是底子裡卻一點都不違和。』

之所以會這樣，那是因爲，在語言的意識層面，可能會覺得這些語詞彼此衝突，可是，在心的底層，也就是在靠近美麗圖騰的潛意識層面，因爲這些語詞，包括：**啓程**、**抵達**、**出發**、**安靜的休息**，**全部都是人的內心眞正需要的**、**想要的**，我們在生命的某些階段，總是會想要啓程，或者，好需要安靜的休息，或者，期盼著要出發，想眞的抵達哪裡，**因爲都是好想要的**，**所以**，**就不違和了呀！**」

年輕的孩子思緒清晰感覺透明，接了下面這句讓我讚嘆的結語：「也許啓程的時候已經是抵達。」

……蔣勳老師說：「大部分時候，美是心靈上的感受，『忙』是心靈的死亡，生活一忙，心靈粗糙了，也就難以承受美。」忙這個字，正好是左邊一個心字，右邊一個死亡的亡。意思好像是，人一忙，心就沒有了不見了。那，怎麼樣，可以不忙呢？來忽略什麼，於是可以在意什麼。有一些曾經，如果可以放下曾經的扛著的擔子，勇敢又輕盈的向前走，這，哎呀，好像說起來容易，做起來真不容易啊……

……來忽略點什麼，於是可以專心在意了什麼。生命的季節是會移動的，上一個季節已經到了尾聲，而新的季節，已經在眼前來到，於是，我決定脫下哪件已經陳舊的衣裳，為的是盼望著後來可以騰出雙手，於是有了時間為了新的出發，縫製一件新的亮麗的衣裳，或者一件帥氣又可愛的新背心。來忽略什麼，於是可以在意什麼。

階段二，「碰」。碰觸這裡，摸索探路那裡，從外面表層開始往裡面碰碰看摸摸看，試圖尋找聽者內在圖騰的縷縷絲線。

年輕的諮商師這樣看階段二：「我喜歡手稿裡，不斷迴盪著『來忽略什麼，於是可以在意什麼』……，有點像『針』，或者一個『引線頭』，一次次**好像都更往下走一些**。然後再來到脫下陳舊的毛衣的內容。」

呵呵，眞好眞好。這裡啊，我自己也很喜歡。這裡的**不斷盤旋**、**迴盪著同一個心念**（忽略……在意……），在技法上功能上，因爲**不只兩次**的重複來到，會**帶來一種像下頭這樣的很直接的安心感**：

「喔~我知道這個！我剛剛聽過一次了（兩次了）。」

「喔~好啊，那我再來想想……嗯（深呼吸），來讓自己再感覺一次看看~」

同時，在語言文字重複來到的時候，因爲每一回又往深處走一點點，於是有機會爲聽者，帶來一種**「ㄟ~這個眞的不困難，同時，怎麼好像開始感覺有一個深度正在靠近正在來到呢！」**的經驗。

這個技法，是潛意識工作的美妙核心技能「盤旋的翅膀」。

「盤旋的翅膀」是潛意識工作的基本功，像是老鷹在天空盤旋時，有一種固定的旋律，有一個**可以預測**的盤旋模式，同時，因著氣流的溫度和強度，老鷹的翅膀會微調、擺動、感覺，於是有了新的轉彎方向。

盤旋，如果給出一個具體的描述，那會是：「我們創造一份固定的規律，於是，風可以安心自由的流動。」這裡的規律，不是僵化固定的流程，而是一種「迴盪的喚醒引線」。**聽者的身體、聽者的潛意識在這樣的盤旋氛圍之中，會忽然叫出一個聲音：**

「啊……我知道，好像有一種感覺，現在，此時此刻，我 出場的時候到了～」

你知道嗎？因為潛意識感覺到自己 **終於即將** 要出場了，於是，段落三的往深處碰觸，才有機會來到。

段落三：深觸

我自己三十歲的時候忽略辛苦，在意真的學會心理治療的功夫。而五十歲的我正學習……真心在意於天地之間付出甜美的愛。我著迷的心理治療主要有兩種。一是不把傷推走，讓慈悲的愛像太陽一樣流進來，愛和傷終於可以一起。二是像呼喊出龍的真名……這樣的著迷，需要豐沛的能量和暖暖的內在，而豐沛流動的好狀態，正好需要把曾經好需要的但其實現在已經還好的，放下，或者，從生命的正中央移動到可愛的小角落。於是啊，這個季節，我聽到了心裡一個不太大聲但又挺確定的聲音：「嘿~親愛的自己，當上個季節勤勞儲存的資源和力氣已經足夠，或者，連歲月累積的遲疑也已經足夠，說不定啊，我們來脫下那件其實已經斑駁的 沒有安全感的毛衣了，好嗎？」我有一件陳舊的毛衣，叫做「沒有安全感」。那是童年的曲折困境……

陳舊的毛衣，一晃眼也已經穿在身上三十年了，於是，在那個大雨磅礴的清晨，我……心裡深呼吸決定，脫下吧。脫 下 這件其實已經陳舊的毛衣，是時候了，咱們來長點新的，盼望點新的。……「生命中有誰，因為我的陪伴，而變得更自由？……生命中曾經有誰，因為他的陪伴和存在，而讓我變得更自由更喜歡我自己？」……問了自己新的又很立體的問句，於是，每問一次，就像是又一次的脫下那件陳舊的毛衣……

親愛的朋友，如果有一件陳舊的衣服等著你脫下，換下……那，會是什麼呢？（配樂在這裡增強~）說不定，在心裡，在音樂的旋律裡，你看見了這件衣裳，什麼顏色的呢？剪裁是什麼形狀，摸起來的質料是麻布、棉布、毛線、尼龍……讓自己完完整整的感覺這件可以也陪著你很多很多年的衣裳……

階段三「觸發深處」。細細柔柔的順著聽者探索內在的那條引線，往內裡走去。在引導冥想的設計結構裡，這裡，是關鍵的深化（deepening）階段。

階段二的「碰」，是在土地的表層岩石土壤那裡，碰一碰動一動鬆一鬆，在豐沛的春雨之中像是水滴似的，找尋著「ㄟ～這棵樹的樹根，可能在哪兒呢！」。而階段三，像是摸著樹根的形狀，找尋這個獨特的生命樹根往深處走的路徑。所以，設計手稿時要回答的是：「陪著聽者在深呼吸的體會裡，如何能夠鋪陳創造出一種氛圍，讓聽者觸摸到自己生命往地心走的那條獨特的路徑？」

年輕的諮商師眼睛很清澈，看到了一條路徑：「哈克用自己的故事，**撞一撞聽者的內在、情感**，然後聽者開始**共鳴自己的……**，於是聽者真正進入深處的內在。」

脫下那件陳舊的毛衣，在心理治療的範疇裡，屬於難度比較高的主題，因爲手稿設計者的意圖，是盼望能夠陪著聽者，**放下某部份曾經很堅持的自己，或是曾經很必要但現在「其實已經沒有那麼需要了的」自己**。

人一旦冒出念頭要把自己的什麼放下或脫下，慌張與害怕常常自動化的會先自己跑上來，因爲即使那件衣裳帶來束縛造成限縮，同時也已經熟悉、已經習慣、已經久遠、已經不太敢變動。這裡，是整個引導冥想手稿設計難度最高的所在。

話說「拿起，容易，放下，超難。」這個概念似乎不用解釋，因爲我們都知道這是生命的本質，而且可以猜想大部分的人都體會過。所以，既然要放下的是難度偏高的主題，於是，**安心感的時空充滿**，變得極其重要。

爲什麼時空充滿的安心感極其重要？因爲，如果安心感不夠，在不短的閉上眼睛的時間裡，唸到引導冥想手稿中的任何一個橋段，聽者都很有機會「跳走」，像是跳電一樣。在我的年代裡大學時住宿舍的日子，很多人都經歷過冬天吃火鍋因爲太多寢室一起插電煮火鍋，建築電力結構因爲負載超過，就會**跳電！**

那，安心感怎麼來？

太極拳心法說得很有味道：「輕出重收」，**如同拉弓放箭，放箭輕，拉弓重**。出拳的時候，往外推出去的時候輕；而收拳的時候，意念上比出拳更加穩定、更加有重量。引導冥想的手稿設計結構正好也是這樣，「輕出重收」。

手稿裡頭，給出刺激觸發探索的文句很像出拳，推出去的力量是輕輕的點一下，盤旋一下，回來輕輕的再點一下（……來忽略點什麼，於是可以專心在意了什麼。上個季節到了尾聲，新的季節已經在眼前來到，於是，脫下哪件已經陳舊的衣裳，爲的是盼望著後來可以騰出雙手……），這樣的探索刺激問句，唸出聲的時候要記得：「出拳要輕，就如同放箭的剎那，要輕」。

而收拳的時候，就很像手稿裡，陪著聽者安心承接的時刻，意念內容著重在於穩定有份量。這也是爲什麼，在這個手稿中，我用了八百一十一個字在這裡說了自己「脫下沒有安全感的那件毛衣」的故事。八百多個字，在引導冥想中是很大的份量，之所以會這樣做，就是爲了「重收」，透過眞心的故事和感同身受，給出一段有份量的承接，因而，有了時空充滿的安心感。

承接的橋段，除了說自己的故事，也可以說說一個或兩個先賢哲人或現代詩人的好故事，也可以安安靜靜的講一首動人心弦的歌詞，像是李壽全唱的一首歌叫〈回家的路〉：

越不過的山是黑夜　流不盡的河是淚水
牽著我的手累不累　可願靠在我肩上歇一歇
看不到的家是那麼美　找不到的路是告別
讓我牽你的手走一回　回到最初那場夢的曠野
如果世上從此沒有天空鳥該怎麼飛
抬起頭來還能看見誰

如果四季從此忘了輪迴
花該怎麼謝……

段落四：拿

這件陳舊的衣裳，如果有一個名字，是不是時候到來了，可以聽聽看，這件等著你脫下的衣服，它的名字叫做……因為新的季節的來到，可以脫下的，會不會是……「無法安心休息的、總是覺得不夠的還要更努力的自己」；也說不定，有可能是……「容易害怕不安的、容易緊張擔心的自己」；在閉上眼睛的流動的內在，也說不定感覺到，有可能是……要不要脫下那件「很容易生氣的」衣裳……嗯，說不定，也可以考慮，脫下那件「一生氣就想把身邊的人推開」的衣服。

身上，會穿上這件衣服，通常都是因為當時很需要，特別是因為那時候很需要保護自己，保護自己那豐盛又柔軟的內在寶藏，於是，不由自主的穿起了這件其實不一定屬於自己的衣裳，那是那個季節的無奈和委屈堆積起來的塵土飛揚，我們，一鞠躬謝謝那時的保護，真心謝謝，然後，深呼吸~在吸氣的尾端，脫下這件陳舊的衣裳，在吐氣的時刻，微笑送行……喔，好像沒有脫乾淨，好啊，這很正常，來，深呼吸，再來一次！深 呼吸~在吸氣的尾端，在心裡的畫面裡，真的動起來，脫下那件陳舊的衣裳，然後啊，在長長的吐氣，微笑上來，慶賀，送行……

階段四，**「拿在手裡細細品味」**。聽者在被承接之後，開始啓動自己的潛意識直覺資源，看見、觸摸、感覺、甚至聽懂自己的內在深處。在閉上眼睛的畫面裡，「拿在手裡細細品味」要能夠發生，有下面三個步驟：

第一步：給出選項讓聽者可以更輕盈的看見。

陪伴者先搜尋找到幾個選項★，在這裡清晰明白又充滿空間感的說出來，於是聽者的意識和潛意識一起知道了聽見了。在手稿裡，我們透過**給出三種以上的選項**來做這件事。（這件陳舊的衣裳如果有一個名字，它的名字……會不會是……「無法安心休息的總是覺得不夠的還要更努力的自己」；也說不定是「容易害怕不安容易緊張擔心的自己」，或是「容易太慢害怕來不及的自己」……）

第二步：張開手臂讓光亮進來一起迎接。

陪伴者張開了自己的手，帶著暖暖的心意和呼吸，配著音樂柔軟遼闊的唸著手稿，聽者，在這個時刻，出神的又入神的聽著又感覺著，忽然之間，不再那麼害怕先前的慌張與不安，不知道爲什麼，「ㄟ～怎麼我自己的雙手也打開了！好像心裡的世界有光亮照了進來～」。在手稿裡，我們透過慢慢端詳不著急不匆忙來做這件事。（……身上，會穿上這件衣服，通常都是因爲當時很需要，特別是因爲那時候很需要保護自己，保護自己那豐盛又柔軟的內在寶藏，於是，不由自主的穿起了這件其實不一定屬於自己的衣裳，那是那個季節的無奈和委屈堆積起來的塵土飛揚……）

第三步：聽者在深呼吸裡重新擁有了自己。

陪伴者在手稿裡在聲音裡，給出一份凝視的眼光，那份眼光裡有祝福有欣賞也有鼓勵，忽然，主角在深呼吸裡**決定重新擁有新的自己**。然後那個原始又美麗的圖騰，最後終於在光的照耀裡，因爲綻放而存在。

★潛意識工作進階學習

關於給出選項，關於盤旋技巧的使用，多參考幾個實際的引導冥想手稿會很有幫助。想進一步學習手稿設計的朋友，可以參考哈克的兩個線上聲音課程，一是「與人連結的三個祕密」（啟點文化）裡的「讓自己成爲禮物」「啓動人際美肌模式」；二是「讓夢想著地」（啟點文化）裡的「搭建自己的生涯實驗室」「微笑冥想：腳趾頭一二一二」。

在手稿裡，我們透過**好好的完整的說謝謝**來做這件事。（我們，一鞠躬謝謝那時的保護，眞心謝謝，然後，深 呼吸～在吸氣的尾端，脫下這件陳舊的衣裳，在吐氣的時刻，在長長的吐氣，微笑上來，慶賀，送行……）

段落五：望

赫曼赫塞說：「……升起一股嚮往，猶如羅盤上抖動的指針，指向遙遠的前方。」蔣勳老師說：「月桂的香很淡，像一個夏天黃昏最後流連不去的光，若有若無……月桂葉會被蒜片及洋蔥的辛烈衝鼻的氣味掩蓋嗎？好像不會……它們很篤定自己的存在……悠長而持續，好像許多激昂的旋律底下那連續不斷的大提琴沉穩的低音。」於是啊，最後終於，我們好用心好細緻也好努力的，為自己空出了大大的空間，來放置「像是羅盤上抖動的指針的那個新的嚮往」，或者，在一次又一次的未來的深呼吸裡找尋那「像月桂的香味一樣，淡淡又篤定的存在」。

階段五，「**把盼望握在手裡**」。用一份有詩意的語詞文句結尾，有時候能夠爲一個引導冥想手稿帶來綿長悠遠的美感迴盪。

在最後的這個階段，很像是一首歌的最後一句歌詞唱完之後，輕輕的配樂慢慢收尾，可能是輕輕的吉他聲，也可能是緩緩漸漸淡出的琴鍵聲。在手稿的設計上，這裡通常不加入太多新的訊息，如果有加入一點點，也是因爲想要拿來像山谷的回音似的，輕輕迴盪前頭的路，讓心裡的盼望，對未來的想像，在結尾的音符裡，落在那已經溫暖的手掌心。

引導冥想，解夢，催眠，這三個美妙的潛意識工作主題，用到的核心技藝其實很共通，像是盤旋，像是給出至少三個選項，像是給出安頓的承接，說出謝謝也說出道別。這些核心技藝的做法和技巧的部份在這裡告一段落。

這本書的接下來，會進入到陪伴心法，我們即將不只碰觸到水，還會嚐出水的甘甜；即將不只看見山，還可以走進山嵐的美麗中。

Part 4
陪伴心法和內在湧泉

有一天，當我們終於懂得
這個世界其實沒有什麼擁有，只有相遇
這個懂得的剎那，安靜就跟隨在你左右。

4-1 關於那個承接的容器

微涼的清晨，好學的諮商師捎來挺精采的好奇：

「哈克～想問問你，帶了這麼多場工作坊，每回工作坊裡這麼多顆心，哈克跟著和生命故事震盪，會不會有時候累累的好像被掏空，想問哈克會有這些時候嗎？」

我這樣回答：

「掏空，是三十幾歲時的日常。年輕的時候很多事情想盡全力，所以啊，力氣總是打到見底。同時每次打到底，卻打出了更大的容器。然後，謝謝天謝謝地，早晨醒來又是一番天地。

同時啊，保養那個承接的容器是喜愛的日常：**運動**、**種植**、**吃飯**，這三個平凡又著地的日常，保養了那老天賜予的容器。」

那～**打到底，打出了更大的容器**，到底是怎麼一回事呢？

如果回答了這個問題，大概就回答了助人工作者養成歷程的三分之一份量了。我當然沒有能力回答完整，同時，現在的我能回答多少，就盡力。

三十五歲那一年，第一次看見自己有了一個可以**承接故事承接情感的容器**，像是青銅器時代的大酒杯，大小像小學生提的小水桶那樣大的直徑，質料是鑄鐵鍋的材質。

過了五十歲的我，現在的容器呢？閉上眼睛，安靜的聽，心裡出現了一個像是可以種花的容器，圓圓的寬寬的大大的，陶土燒的不是特別深的盆子，似乎有一種來去流動的空間感。

心裡的容器怎麼來

心裡的容器怎麼來呢？看著王輔天神父做示範時，深呼吸想像吸收而來；體會著吉利根博士慈悲的眼神，吐氣鬆開時開展而來；在人情世故你爭我奪的刀光劍影裡專心的立下志願，想要「往底部走 眞心懂一個人」的決定來。

四十九歲那一年，身體歷經不小的關卡，除了吃中藥調理之外，我因緣際會開始學習「覺知心理學」（mindfulness）。原本生命裡沒有的元素，涓涓細流湧入心脈，像是：loving kindness（帶著愛的善意）、compassion（感同身受的慈悲）、loving awareness（帶著愛的覺知）。

覺知心理學和大部分的諮商輔導學派很不一樣，它不那麼強調能力、不那麼執著技能，卻好專心的看待「付出」和「體會善意的心流」。身體受苦的那幾年，我常常沒有力氣出門工作，清晨夜裡，我總是聽著耳機裡傳來的覺知心理學的引導冥想，一天又一天，重複的聽傑克．康菲爾德、莎拉．布蘭登（Sarah Blondin）和強納森．里曼（Jonathan Lehmann）慈愛的聲音，三十遍，五十遍，一百遍，聽到幾乎會背這些老師們下一句要說出口的英文，同時，因爲意識逐漸都懂了，意識就放鬆了，潛意識直覺就開始飽滿的吸收到心底。

幾年的時間過去了，遼闊的感覺來到了一些，寬寬的天空、草地、大海逐漸住進了心裡，**遼闊** 就多了欣賞；**欣賞** 就多了流動；而**流動** 是喜悅的前奏。這些，都是容器的逐漸來到。

年輕時，執著於治療工作的深度，拚了命去學催眠治療、回溯療法、隱喻故事的治療機轉、自我認同的人格轉化……這些，也都成了後來珍貴的養分。這些深度，是承接的容器的一部份；中年之後感覺到的遼闊，也是。

親愛的朋友，你的呢？如果你的心底，其實已經有了一個容器，這個容器，長什麼樣子呢？

學會使用那承接的容器

冬至的隔一天，天冷。心裡想著，年紀有了，來把將近三十年的關於成爲助人工作者一路上的磨練曲折，試著描述出來一點點畫面，讓後來的助人工作者在陪伴與學習的途中，有一條蜿蜒的小路可以走進去。

我常常覺得，心理諮商是一門陪伴生命走過歡喜悲傷的學問和技藝。既然是一門技藝，就會有扎實的基本功等著被鍛鍊。其中一個不能跳過的基本功就是承接的容器——承接的容器，說的是對於生命起伏波浪裡，不至於太快被淹沒被推走被壓制的內在空間。

尋求幫助的人們來到我們眼前，最常見的內在狀態是：排山倒海的難受情緒壓縮了心裡空間，於是只能**自動化反應的面對**其實怎麼反應都徒勞無功的困難處境。這時，如果陪伴者助人者事先準備好了自己內在的那個承接的容器，比較有機會不會馬上就被眼前的風暴瞬間襲擊倒地。所以，看見、長出、擁有、進而使用一個相對穩定的承接容器，似乎是高段武術練成之前，那紮穩馬步的基本功。

關於容器，年輕的諮商師說著剛出爐的畫面：

「哈克，我跟你說，我有看到我的容器喔～但是我萬分不解，看了兩次都一樣欸！我的容器是一個玻璃缸，很像養魚的那種大大的有厚度的玻璃缸，裡面裝滿了水，還有那種養魚的藍黑色的特殊燈光，水一直晃動的很大力欸……啊～裡面爲什麼會有水呀！爲什麼晃得那麼大力？」

呵呵，眞有意思的活跳跳的畫面。我說：「看到了，就是一個美妙的開始啊。有水……嗯，來，給水三個形容詞。」

諮商師閉上了眼睛，像是興奮的又安靜的聽，一分鐘後眼睛睜開，說：

「嗯，三個形容詞，『深不見底的、表面波蕩內在安靜、擁有奇異的光芒。』哎呦，怎麼感覺到這裡，眼淚就要落下了……」

我安靜的聽著這樣有心跳的碰觸，有些時候，安靜的深呼吸的聽著，不急著做什麼，正好就是成為承接眼前正在發生的容器。雖然我沒有說話，只是安靜的承接著，年輕的諮商師忽然接著往下說：

「哈克，我知道了！我要多準備一些設備和裝備，不然太需要勇氣才能下水……像是梯子、游泳圈、潛水設備、浮板、小船……」

我說：「哎呀，看到你這樣發現，我心裡好感動喔……好像看到自己二十幾歲的時候，在王輔天神父的工作坊裡，也是這樣一點一滴的探索和發現。」

帶著一份暖意，我繼續跟下去：「你剛剛說：『深不見底的、表面波蕩內在安靜、擁有奇異的光芒，感覺到這裡，眼淚就要落下』，那個感覺，那個就要落下的眼淚，正在和你說什麼呢？」

「一開始看到玻璃缸裡有水的時候，水又一直晃動，真的有點慌張，想著怎麼會這樣啊！灌這麼滿，會不會沒有空間，晃動這麼大，好嗎？

而哈克問著，我感覺到那三個形容詞，那真實的水面下有多靜謐與美麗，奇異的光有多迷人，安心好像就來到了。像是發現了自己的美好，專屬於自己可以提供的，似乎也發現，我的學生與我一起工作時，會面臨到的狀態……他們會需要勇氣才能來到水裡欸！當然他們也可以就在岸邊待著、看著就好。」

我讚嘆著：「有多靜謐與美麗，奇異的光有多迷人，哎呀，眞好聽呀。你的內在好通暢喔，你知道嗎？剛剛短短的幾分鐘，你因爲看見了自己的容器，然後順著潛意識的提示，竟然找到了**可以多準備的方法**，還有**允許不下水的遼闊空間**，精采極了。」

我忍不住多問了一句：「如果你想要給這個容器一個帶著祝福的命名，那會是什麼呀?!」

「歡迎來玩耍的玻璃缸！」

眞是太有意思了！一剎那之間，這個本來一開始說自己好累被掏空的諮商師，已經帶著歡迎來玩耍的心情，而且，本來的掏空，竟然已經像變魔術似的，變成了玻璃缸。

親愛的朋友，你的容器長什麼樣子呢？要不要給這個容器一個帶著祝福的名字呢！或者，如果你盼望有一天，可以擁有一個未來即將來到的承接的容器，那會是什麼樣的形狀、顏色、大小、材質呢……

4-2 入場券的拼圖

助人，其實很容易著急。

著急自己專業素養不夠，怎麼談了好幾次都沒有眞的幫到什麼忙，著急個案談了半年多了，會不會錢快用光了，下個月的諮商費用沒有著落。於是，陪伴一個人的路途，學習如何能夠**不著急**，是門功課。

這裡，有兩帖解藥，比較像可以調理血氣循環的中藥。第一帖藥，是深呼吸之後，願意擁有一個 **long-term intention**（允許時間帶來改變的長程目標）。第二帖藥，是在月升日落的時光裡，收集三張拼圖來組合拼出一張生命的入場券。

來說說這張「得以進入生命殿堂」的入場券。

諮商心理學是一門人文科學，既然是人文科學，就同時包含「心理科學的知識」和「身爲一個人的生命智慧」。心理科學知識，包含諮商學派理論與操作實務流程；而生命智慧，和哲學有關和信仰有關，和**是否能**承接美麗與哀愁有關。

我的心理知識體系落在潛意識工作，主要吸收自歐文．亞隆、吉利根博士和彌爾頓·艾瑞克森。而生命智慧，是在生活和大自然的交互作用裡，逐漸相信的哲學觀。接下來，來說說這個過了五十歲之後，終於來到的相信哲學。

那天，一個好久不見的諮商師聯繫了我，希望我可以陪他整理當了諮商師七年後的自己。視訊的畫面裡，年輕的諮商師說到自己一直嚮往著可以進到一個孩子的生命殿堂。「進入生命殿堂」這幾個字，打動了遠端的我，沉吟著欣賞著，也決定來寫這篇：「收集三張拼圖，拼出生命殿堂的入場券」。

心理諮商，探討的關愛的，是人。而人和人眞正著地的關係建立，其實是時間和故事的交織，這很像我們會說的「革命情感」。我們都知道，革命情感似乎很難在**人工感十足的晤談室**裡眞的到來。

很難，但是不是不行。在有限的人造約定的陪伴時間裡，我們盼望收集那**希望可以**

靠近「革命情感」的三張拼圖，於是有機會拼出一個讓自己有資格進入生命殿堂的入場券。有了入場券，深刻的童年議題、難解的長久孤單、不知為何的沒來由的慌張，才有了足夠的支撐力，於是可以深入其中，扎實的照料。三張拼圖分別是：

第一張拼圖：他討厭自己的時候你在。

第二張拼圖：他喜歡自己的時候你在，他慶賀生命綻放的時刻你在。

第三張拼圖：他憂傷的時候你在，他害怕不安的時候你也在。

革命情感，是最無法人工製造的記憶，所以，這三張拼圖，不是要複製眞實生命裡那珍貴至極的革命情感，而是透過聆聽，**去靠近那樣的生命經驗**。

一起來看看這三張拼圖，你也可以一邊想想，陪伴的時候，你**是不是特別沉浸在某一張拼圖，而不小心忘掉了另外兩張**。如果，你更專心的收集可能遺落的拼圖，「不著急」這個珍貴的陪伴品質，常常就悄悄的來臨了。

第一張拼圖：他討厭自己的時候你在

故事的主角來到我們面前尋求協助，正好處於生命的低處。因爲低處陰陰冷冷，因爲低谷陽光照射不足，因爲不如意事十之八九，於是，我們通常會先聽到「討厭自己的故事」，這是常見的入門款。

「老師，我憂鬱這段日子，已經沒有動力去上課好幾個禮拜了……我爸爸在花蓮港當臨時搬運工，每天好努力好辛苦的工作，想說要讓我受高等教育，可是私立大學的學費好貴，唉……眞的對不起我的父親……」

討厭自己，幾乎是生命的必然。**越有良心的孩子，越是想扛起自己生命責任的孩子，就越容易討厭自己**。身爲陪伴者，我們**不是要去「除去」這一份討厭感**，而是，我們聽著，然後在心裡（可以不說出口的）想像著那……和討厭自己有關的內在對話是什麼，用眞心的想像，拼起第一張拼圖：

「嗯，爸爸底層勞工，孩子讀私立大學，家裡的期待，可能是社會階層往上爬的動力來源，啊～可能帶來好大的說不出口的**不能失敗的壓力**，嗯，壓力，嗯，憂鬱，喔～」

「嗯……憂鬱，沒有動力，這裡值得聽聽看，有沒有什麼情緒或渴望被壓住了，如果抽掉家裡的期望，這個孩子心裡頭的故事會是什麼呢？如果這個孩子心裡對未來的夢想很有熱情，但是看起來不會賺到什麼錢，那，可能會不自覺的一直自己把自己壓住，甚至強迫自己不可以去幻想真正的渴望……」

「對了，有機會也來了解一下實際層面，不知道家裡的經濟壓力有多大多急迫，有沒有兄弟姊妹一起分擔呢……」

這樣在心裡問，故事的主角，就不只是問題的代表，而是一個立體的生命，旁邊的，裡頭的，源頭的，下游的，都逐漸來到。

第二張拼圖：他喜歡自己的時候你在

生命正在受苦的孩子，不會只有難受和痛苦。當我們聽呀聽，又聽呀聽，聽見了孩子心裡的辛苦掙扎、批評自己……很有意思的是，當這些種種難受**聽足了**（通常大概三到四個晤談時間就快要足夠了），同時，**聽足的我們又沒有逃走**，這個時刻，第二張拼圖，喜歡自己的故事，常常會在某一個清晨的微風裡，輕輕飄落，這個光線灑進來的剎那，正好也就是牆裡開出了一朵花。

「老師，我跟你說，上個星期，我們和靜宜大學日文系聯誼，我被同學拱出來當聯誼活動的主持人，我很不好意思也有點緊張，**可是啊**，不知道爲什麼，我的幽默挺自然的喔～啊，我從小都會看爺爺和朋友泡茶聊天，爺爺自己講笑話自己哈哈大笑，那歡樂的氣氛像是電波讓身旁每個人都快樂起來呢～

啊，好好玩喔，我好像我爺爺喔，呵呵，在飛牛牧場聯誼主持活動的時候，我的同學和靜宜的新朋友們，都笑得好開心！連我自己都好久沒有這樣笑了呢～」

第一張拼圖，是受苦。第二張拼圖，是燦爛的笑。當我們聽了第一張拼圖時即使聽的辛苦但是撐住了，沒有放棄沒有逃走，於是，我們聽呀聽，常常就等到了燦爛的笑。

喜歡自己，是生命的轉場。這樣的轉場時刻，不長，容易被滑過跳過。同時，我們盼望，燦爛的轉場可以**雖然不長但很深刻**。如何不長但深刻，這裡，身爲陪伴者，我們來鍛鍊一下「停留」的功力。

創造「停留在喜歡自己」的時空感

自我要求高的孩子，不太允許自己停留在自己美好的時刻，因爲他們深信「玉不琢，不成器」，他們深信「只有不停的面對自己的缺陷，還有不斷的突破，才能有光明的未來」。於是，非常願意努力用心扎實的待在自己不足的地方、需要改進的缺點和弱項。同時（嘆一口氣先～），也因爲長時間待在自己的缺點、弱點和不足，久了，習慣了；更久了，**憂鬱**，不知不覺就來拜訪了。

當眼前的孩子自然傾向是待不住「喜歡自己」這裡，那麼身爲陪伴者，我們可以來創造「停留在喜歡自己這裡」的時空感，像是下頭這樣說出口：

「**哇～～**（拉長音，因爲我們要拉長燦爛的尾巴），哇～～～（拉長音），好好喔，你有這樣的爺爺，老師**好羨慕你呦～**（羨慕，是好美的欣賞燦爛的停留），很想多聽你說說爺爺的故事呢！」

「你剛剛說：『**可是啊**，不知道爲什麼，我的幽默挺自然的喔～』，老師很想知道，『可是啊』後面的『不知道爲什麼』……，還有啊，那個挺自然的幽默，可以給老師一個例子嗎？你說了什麼，帶著什麼語氣或表情，眼前的同學們是什麼反應呀?!」

「可是啊」後面的故事，有時候特別好聽。

「不知道爲什麼」下頭的故事，特別動人，像溫泉的熱能源頭似的。

所以啊，第一張拼圖加上了第二張拼圖，於是，他騎腳踏車跌倒時你在，他尾牙抽獎抽中大獎時，你也在。這麼一來有辛苦也有歡喜，入場劵，快要拼出來了。

第三張拼圖：憂傷的時候害怕不安的時候，你也在

我有時候會覺得，心理諮商雖然大部分的園地都很美麗，可是其實有一個比較「雖」的地方（痲雀雖小也沒有我雖小～的那個「雖」），那就是：個案風光快活順利美好的時候，不一定會來晤談，而個案黯淡辛苦害怕憂傷的時候，約好了的時間，通常都會準時出現。

也因爲這樣，如果我們過度的投入體會那些憂傷黯淡，時間久了，這些比較沉重的能量場，會把我們拉垮甚至拉倒。怎麼辦，我想到飄揚千年的太極拳口訣可能很好用！

陪伴的心法：勿助、勿忘

陪伴著生命裡發生的種種，同在卻不被拉垮，背後有一個很美妙的心法，是太極拳呼吸時的口訣：「勿助、勿忘」。

不要過度幫助它，同時，**也不要忘記它**。呼吸吐納，可以這樣提醒自己，覺知著自己的呼吸起伏，同時，不過度注意不過度控制。這樣的美妙狀態，我喜歡這樣形容：**用紀錄片導演的眼光，「在」**。

你看著他，沒有急著勸告、沒有急著提醒，這裡危險還有還有那裡更危險。可是，你沒有忘記他喔～**你陪在他身邊，沒有忘記他**，也沒有要刻意的人工的幫他扭轉些什麼，像是一個陪在他身旁，帶著亮亮的眼睛，忠實的爲他記錄下故事畫面聲音的紀錄片導演。

勿助，不是說完全不要去幫助他，而是**不要刻意去介入**。當然，必要的時候或忍不住的時候，可以講兩句話，提醒一下，或者抒發一下你不說會悶住很難受的心情，可以簡單兩句話，說：

「阿進～看你最近睡眠狀況這麼差，家裡加上學校的壓力又那麼大，老師其實挺擔心你的，有時候在校園遠遠看到你走路好像會恍神，很心疼。」

簡單兩句話，就同在了。於是，他憂傷的時候你在，他害怕不安的時候你也在，不被負能量拖垮的安穩的陪著。同時，真心的體會到在生命面前我們的確渺小，所以我們帶著一份祝福的心、像是蹲在他身旁的陪著，真的在，用紀錄片導演的鏡頭，讓故事被好好的打光、記錄、剪輯。

我們加上的只是薄薄的一層粉而已，連化妝的粉都不夠

勿助，背後的哲學觀是：我可以加入新的土去改善他的土質，同時也記得帶著尊重的心去懂他本來的土。

像是臺灣東海岸的都蘭山脈，靠近山邊和靠近太平洋邊土質很不一樣。所以在種植的時候，我可以想辦法去改變它的土質，同時也需要尊重著它的本質。

於是，一天又一天，彎下身子，來揉土，真的去碰觸它，真的去了解它。花多一點力氣去碰觸和了解，少一點力氣想要去扭轉去改變，因爲經驗告訴我們，當你一心著急著想要改變對方的時候，對方很自然很本能的會跑給你追，而且跑很快又很會跑，然後

啊，你追著追著力氣就耗盡了。

被學校系統壓到喘不過氣的諮商師這樣問我：

「可是，哈克，可是有時候好想趕快幫忙到個案，還有教官很急，導師也很急，學務處職員一直打電話來問有沒有好一點，這時候，身為陪伴者，可以怎麼安頓自己的心呢？」

我喝口水，看看四五年來朝夕耕種的土地，一邊翻土準備種下三月的四季豆，我慢慢的說：

「我們啊，學習陪伴心理學，可以有下頭的眼光幫忙我們，在被繁忙的世界捲進去之前，安頓下來：

你看，這個水桶裡，是我從種苗店買來的鬆鬆的有機土，加上左邊的這個有機肥，混合好了很漂亮的土。然後我準備要把這些鬆鬆的有機土倒在這片荒涼荒廢已久的田地上。

外來的有機土，我倒進這塊田裡，你知道嗎？你可以想像，這塊田這片土地它深深的連到地心，是有自己的心跳和生命的，像是一整個獨特的宇宙似的，你要去懂它，**你不能狂妄的以為，你準備的這個有機土很好，就要佔據它的世界**。這個準備好的外來的有機土，倒到田地理，倒下去只是薄薄的一層粉而已，連化妝的粉都不夠。」

「對ㄟ～田地其實很深，往地心走可以很深很深，而我們給的，只是薄薄的一層粉ㄟ～哈克，你剛剛這個形容，讓我忍不住深呼吸了好幾次呢！」

「呵呵，這樣眞好，深呼吸了就收進心底了。從表層的淺淺的土，透過深呼吸，往地心走去。當你可以這樣想，對於生命的尊敬和等待，就很有機會可以取代那些著急的催促了。」

於是，他憂傷的時候害怕不安的時候你在，他討厭自己喜歡自己時你在，他慶賀綻放的時刻，你也在。於是，這張有革命情感的入場券，終於拼出了一張完整的拼圖。

4-3 靠近自己不是固定的點

最近喜歡一首歌，連著好幾天聽了一回又一回，叫做〈願你有故鄉〉，裡頭有幾句很美的歌詞，常常唸著、哼著，然後啊很神奇的，心，忽然就不匆忙了……

〈願你有故鄉〉（房東的貓）

我牽著我的白馬
帶著鈴鐺
在黑色的夜晚　搖月亮
……
哪裡的人　不問來路與歸途

純粹陪你　醉一場

……

搖頭晃腦的唸唸看

陪伴的時候要能夠暫時離開匆忙，其中一個促使內在流動又寬闊的方法，就是**搖頭晃腦的唸一首詩或一段歌詞**。

所以啊，讀到這裡，建議你慢慢的唸上面這兩小段歌詞，最好是**搖頭晃腦的唸**，或者比**平常說話慢個三倍**看看，然後啊，也可以中間深呼吸，你會發現，**ㄟ**～唸著唸著，因為輕柔，因為速度放緩，那歌詞裡的慢動作畫面……牽著我的白馬……帶著鈴鐺……在黑色的夜晚……搖月亮……就立體的存在了你的心海。

建議你眞的，再唸一下上面的歌詞，也搖一下！這樣會有比較好的狀態來吸收下頭的精華。**ㄟ**～往前幾行看去～眞的搖頭晃腦一下，很好玩呦！因為接下來這段文字有點重量，當你搖頭晃腦的感受一下詩意之後，會吸收得更好。

想靠近自己又怕靠近自己的孩子

冬天的一個早晨，在我的一場小型演唱會開始之前，一個年輕的諮商師挪動身體坐到我身邊，有點害羞的說：

「哈克，我可以問你一個跟唱歌沒有關係的問題，可以嗎？」

「呵呵，當然好啊～」我心裡想著，你如果問我音樂相關的問題，我還眞的不會呢！

「哈克我問你喔，我最近面對一個特別困難的個案，困難的點是我**抓不到**他的位置在哪裡，他好像**很想靠近自己眞實的內在，可是靠近的時候又會彈到外面，好像有一個聲音會叫他不可以這樣靠近自己**。

不知道是不是因爲這樣，和他晤談的時候，會覺得好像就快要跟他靠近了，可是又沒辦法靠近。」

有意思！靠近自己和遠離自己，這個主題，値得好好停留探討一番！我看著眞心發愁的諮商師，問：「你會怎麼形容他呢？我剛剛心裡出現幾個詞，**譬**如說來來去去、相聚又分離、好像很緊又好像很鬆，你會用怎樣的詞來形容他呢……」

「**想靠近又不敢靠近！**」

「喔～所以，這裡有害怕。來來去去、分分離離、遠遠近近都是外在的形象，而『不敢』這個關鍵字，讓我們接收到，**這個孩子的心境是害怕的**。如果我們用『不敢』來造句，可能就會是……想堅持又不敢眞的堅持、想擁有又不敢眞的擁有、想依賴又不敢眞的依賴。」

想抓住固定位置所以才會卡住

「有意思的是，你剛剛的描述是『我**抓不到**他的位置在哪裡』，你用的動詞是『**抓不到**』！**會說抓不到，就是想要抓到**。想抓到什麼？想要確定一個可以抓到的固定的點。

在這裡，如果我們想要把它「**定位在某個固定的點**」，那就會失敗。

當你想要清楚的問出：到底「**他是這個還是那個**」，到底他是很想靠近還是不要靠近，那你就一定失敗，你會問不出來又陪伴不到。爲什麼呢？**因爲它其實是在兩個點之間快速移動**，明明剛剛正在問這個點，ㄟ，怎麼縮回那個點；一分鐘前正感覺靠近礁溪溫泉，三分鐘後忽然無預警的跳得遠遠的落在嘉明湖。

這裡有一個**可以操作的心法**，在心裡跟自己這樣說：『**他不是故意要跳來跳去的**，

他不是故意要靠近又忽然遠離的。』★

這，正好是他目前的 essential part，它的本相。他的本質不是固定一個點，不是一個桌子上的瓷杯，而是正在**兩個端點之間移動的『動物』**。

處在這樣的時而靠近時而疏遠的狀態，其實**個案自己是最不知道如何是好的**，因爲他眞的不知道，到底自己現在是怎樣。這樣的狀態，因爲身邊的人搞不清楚他到底是怎樣，有時候會帶來人際上的問題和困擾，

可是，有時候不會。」

★陪伴者小訣竅

上面這句可以在心裡跟自己說的話，如果只是表面的唸過，完全不會有承接的容器出現。那，怎麼唸呢？邀請你閉上眼睛，調息，然後，深呼吸，安頓一下自己，然後放慢速度兩倍慢的唸：「他不是故意的，不是故意要跳來跳去的……他不是故意要一下子靠近一下子又遠離的……」然後，再深呼吸，**sink in** 往深處走去。

學會覺知自己在哪裡

「什麼時候不會造成困擾呢？如果正在**兩個端點之間移動的『動物』**的主人，能夠學會去覺知自己此時此刻正在哪裡，又能表達給身邊的人知曉，那就有機會不那麼造成人際困擾。」

聽到這裡，本來發愁的諮商師眼中亮起了噹噹噹～三顆星星般的光芒，可能是剛剛的什麼點亮了他的迷霧，他帶著星光閃亮的眼神追問：

「哈克，這裡我聽了很有感覺呢～你可以多說一點嗎？」

「好啊！舉個例子來說，我女兒最近都會形容我是個小 baby，特別是晚上吃完晚餐後，拿著整包洋芋片看 Netflix 時，很像一個小 baby。因為那時候的我超級慵懶的斜靠著沙發，會好像怎麼樣都動不了，洋芋片沒有了、飲料沒有了、遙控器找不到了，都要女兒來幫我拿，很像是在照顧小 baby 一樣，這是一個端點。

然後，我的另外一個端點是很像智慧老人，特別會在騎摩托車載女兒兜風時現身，在女兒需要被聆聽、需要指引的時候，柔柔又暖意的陪伴著。這很有趣吶，我又像一個小 baby 似的需要被照顧，又像一個智慧老人可以主動撫慰心靈，我也在兩個端點移動，可是爲什麼沒有造成人際上的疏離?!

因爲，我清楚的覺知我正在哪一個端點。同時，在小 baby 那裡，就好好的扮演可愛的小 baby；在智慧老人那裡，就挺純粹的邀請遠古的智慧發光到來，而不是混雜的在智慧老人的位置上表現出像一個小 baby。

於是，把內在心力用出來，**不把這兩個角色混在一起**。一旦是清楚的，分開的，獨立的，這樣的移動式的存在於端點，有機會不會帶來人際困擾。」

說到這裡，我喝了一口清香的紅烏龍，眼前的諮商師眼珠子轉呀轉的，看起來還要轉個幾分鐘才會降速，所以我就安靜的喝著我清晨的紅烏龍，**等待眼前的孩子，感受到意識的吸收逐漸遇見潛意識的體會**。

幾分鐘的出神又入神之後，年輕的諮商師帶著微笑說：

「哈克，所以，是不是很像是你第一本書《做自己，還是做罐頭》裡說的並存呀！可以親近，也可以疏遠，這兩個都是我～」

「哎呀，你有讀我的書呀～好開心呦！對啊，我的恩師吉利根博士教會我的這個並存，眞的可以用在這裡，而且這是屬於**進階式並存**用法。

用中文的語詞來描寫，我用『倏忽』這兩個字來形容兩個端點的瞬間移動。倏忽～

很親近，倏忽～很疏遠；**待在親近這裡時，怎麼覺得疏遠那裡比較沒有壓力，但是一旦跑去疏遠那裡，ㄟ，怎麼又覺得好像親近比較甜美**。

有了這個新的觀看的視角之後，陪伴這樣的個案，我們可以有一個 long-term intention 遠程目標是：讓他這兩個端點，都可以有一份帶著深呼吸的安頓感。像是牽著白馬帶著鈴鐺，在黑色的夜晚搖月亮，可以好好的一聲鈴鐺一步走，穩穩的存在。」

年輕的諮商師**頻頻點頭又臉色紅潤**。**頻頻點頭，嗯，意識學習逐漸完全理解接收了！臉色紅潤，嗯，身體直覺已經體會到這個概念是滋養的是通暢的**。好，這個剎那，我喜悅的知曉，剛剛我說的那些長長的話語，已經正在變成眼前這個諮商師心裡的自己了。

帶著喜悅和祝福，我又多嘴了幾句：

「所以啊，如果跟這個學生晤談～假設半年後或一年後，ㄟ～他好像靠近自己時間比較長比較穩定了，那麼，你就可以這樣跟他說：

『阿新～最近幾次老師聽你說話，發現你專心的時間多很多喔，你之前晚上好像會糊裡糊塗就滑手機把時間浪費掉，可是你剛剛說，這個星期好幾個晚上，你都很專心的做專題的資料蒐集，而且，有兩天晚上，還在專題忙一段落之後，拿起你超愛的莫言的書，很享受的品嚐呢！老師挺好奇，你品嚐文字的時候，是不是感覺到和自己靠近……』

這樣，把那被聽見了的個案的眞實經驗，明確的指出來、說出來、端出來，會讓這樣本來沒有確定的親近自己的經驗更扎實的被擁有，被活出來。

而另外一端，其實特別重要。來看看靠近自己的相反端，如何來到：

『老師，昨天晚上我接到家裡的電話，爸爸在港口搬貨的時候傷到腰……（一邊說卻需要忍住淚水，撐住快要崩潰的五官，椅子扶手上的拳頭握得緊緊的像石頭一樣），我好氣自己，氣到後來不想理任何室友，連自己也不想理，只想把全世界都推得遠遠的……』

『阿新啊，你剛剛說這句話，**只想把全世界都推得遠遠的，連自己也不想理**，老師在自己的心口這裡大大的震動了一大下！你的話震撼了我。

老師想要你知道，**我 在**。（帶著堅定又溫暖又接納的眼神和心意），我在這裡聽著你經歷人生的不容易。老師也曾經有過這樣，老師想去美國讀書之前，英文GRE一直考不到最低標準，好幾次深夜裡也這樣：只想遠離自己，遠離任何人，甚至遠離這個世界。

老師想要你知道，**這樣的心情，是正常的，不用每次都拿來生氣的。靠近自己，是**

自己，遠離自己，也是自己，這兩個都是自己。

啊！老師知道了，來，老師這裡剛好有一張B4的圖畫紙，我們一起來，在接下來的日子，把你靠近自己的時刻記錄下來，也把你遠離自己的時刻記錄下來，都記錄在這張圖畫紙上，這麼一來，你畢業的時候，就可以帶著這張屬於自己的地圖，往前走。』

困難的孩子，有些時候需要疏離別人，甚至用力推走自己，也推走別人，即使知道推走之後需要忍受孤單，也只能這樣辛苦的撐著。

身爲陪伴者的我們，可以試著去體會：那些心裡負擔越大的孩子，好像就越容易需要遠離自己，因爲靠近自己實在是太累又太無法承受，會不會，對這樣的孩子來說，遠離自己，其實也是生命的必然。

於是，身爲陪伴者，我們不是要去『除去』這一份疏離感，而是，**讓自己在**。讓自己陪著孩子，一起呼吸，一同體會那一份必須遠離、必須疏離的痛楚，然後，看見這個，也迎接那個。」

年紀有了，本來只想多嘴一兩句的，結果又忍不住說了一段，哎～

年輕的諮商師安靜了下來，剛剛那一段話語，看起來，接下來三五年，很可能會迴盪在他的心口和胸懷，直到落地的那一天。

4-4 他的土要自己翻過

年輕的孩子，總是會生氣自己做錯了選擇，難受怎麼會搞砸了原本美好的計畫，懊惱因爲慌張而錯失了表達的機會。這些，都難受，同時，這些發生的種種，都像是一塊自己生命的土地，總是要自己翻過，它才能做決定。

怎麼看關係中的來來去去

年輕的諮商師好奇的問著：

「哈克，接個案的時候，常聽學生煩惱關係裡的來來去去，朋友或伴侶的來到或是離開，有的時候關係會斷裂，我想說有沒有機會多帶著一點祝福來迎接這個斷裂。想知道哈克怎麼看這件事情？」

哎呀，問得眞好。

我有時候會覺得，陪伴一個生命，不是要去改變或扭轉什麼的，而是逐漸的選擇相信：**生命的土要自己翻過，它才能做決定**。我歪著頭想了一下，想著要怎麼說，比較有機會被吸收～深呼吸一口氣，感覺到自己的安靜，我開始說：

「關係斷裂本身比較是偏不舒服的經驗，所以不是一個會自然的去期待和迎接的事。同時，**斷裂是變化的一種，哲學上來說，變化是必然**。事情會來，會消失，有時候會循環，有時候就是沒有了。

在這裡，很像參加障礙越野賽，陪伴者的第一個挑戰，很難也很簡單，就是要『忍住那顆很想要勸告的心』。

呵呵，我自己也正在參加這樣的障礙越野賽，因爲我兩個女兒，一個十二歲，一個十五歲，生活裡我常常深呼吸，忍住**不要去**跟青少年的女兒說：『把拔跟你說，你其實不用太在意朋友的關係，這世界唯一不變的，就是事情是會變動的，關係來來去去，其實以後也不一定會在一起。』

什麼叫做忍住不去勸告？就是明明腦海中出現上面這樣的句子十五次或是二十三

次，但是，很努力的不說出口。很像是深呼吸一口氣，決定來關掉引擎，再來一個深呼吸，揚起船帆，感受**船底的水流和自然的風**，然後啊，讓生命的風吹過這艘的這個帆。

爲什麼要忍住**不要去勸告**，因爲啊，如果回想一下我們自己的人生，是不是**最不缺的，就是勸告**；長長的人生河流裡，我們自己眞的**最不聽的，也是勸告**。在生命長河裡，做錯了什麼，其實，是『懂了自己哪裡和別人不同』的一條好重要的引線。

還有啊，我有時候會偷偷地這樣想，如果我的孩子，在讀國中高中時，就已經像是禪定的尼姑高僧修女和尚修士住持，那樣的雲淡風輕看待生命的無常，哈哈，聽起來似乎也不是一件好事。」

年輕的諮商師前一刻還望向遠方，下一刻已經在風裡閉上了眼睛感受著，可能正接近著自己吧……可能正想像未來可以怎麼應用到個案晤談上頭吧……東海岸的山風總是在傍晚時分，從中央山脈那裡吹向太平洋，山風，比起海風來得安靜多一點也溫柔多一分。

睜開眼睛，諮商師接著說：

「對我來說情感不是一個容易切斷的東西，我不輕易投入，但投入了我不輕易切斷。對，不管是伴侶或是好朋友，我都是偏不輕易投入。

然後，我想到自己在辦公室的關係，剛出來工作一兩年時，比較會很投入或期待獲得友誼、認可，現在比較偏自然。同事之間好的時候很好，但可能結束工作之後變淡了，這個時候，覺得淡了就淡了，也沒關係啊。辦公室的關係比較看得開了，不執著或很在意我跟他們沒有很熟，這樣反而跟同事之間關係變得更自然更好。」

我微笑著回應：

「你現在處於一種**偏流動**的狀態，**不那麼執著**。問題就是，這種不那麼執著的心境，其實你沒辦法**用說的**去教你的學生。你知道爲什麼嗎？因爲你曾經投入過，是投入過，然後發現不對勁，然後才做了修正，才擁有了屬於自己的明白。

而且，個案即使經歷跟你經歷過幾乎一樣的事，但是**他不會因爲你提醒他什麼，然後他就改變了**。**因爲生命它不是正確答案，生命的形狀來自於嘗試之後，深呼吸的重新調整塑型**。

像我大學選錯科系，明明特質適合文科，只因爲環境的氛圍又因爲想多照顧長輩的期望，竟然選擇了理性至上的電機系，而且還是競爭超級激烈的清華大學。這個錯誤，這件做錯的選擇，它沒有忽然的光明可以照亮方向，它就是要**這塊土地自己翻過，它才能做決定**。

我因為做錯了選擇，於是沿著這條引線，往裡頭摸摸摸碰碰碰。幾年之後，才懂了，原來啊，自己很底層的核心特質不是理工思考的邏輯推理，而是能體會陪伴與同在的柔軟。

所以啊，當我們遇到眼前的個案覺得自己做錯了選擇或做錯了事，大大的迷惘和懊惱一旦來到，我們陪伴時可以這樣跟自己說：

『去觀看它，就好。（這裡來一個深呼吸～）。不要太積極介入它，因為介入它不怎麼有用。**我的土是我的土，他的土，要自己翻過**。

耕種土地時會需要翻翻土，觀看著，讓新的土和舊的土逐漸混合，真實生命的土地，需要時間需要日曬雨淋，沒有直直快速的捷徑。（這裡再來一個深呼吸～吸收的關鍵，不是匆匆的讀過去，而是，**深呼吸之後的往身體裡面沉入**。）』」

這塊土要自己翻過

年輕的諮商師臉上綻放一抹很美的笑容：

「哈克，我好喜歡這句話，『這塊土要自己翻過，它才能做決定。』我自己很喜歡親身經歷某些事情，好好感受，在翻土的過程中，我更懂得什麼是我想要的，什麼適合我。而且，當我帶著這樣的眼光，就知道放出、給出更多的選擇權給對方。」

眞好，眞好，這麼一來，當年輕的孩子做錯事的時候，我們沒有跟著難受，也沒有跟著很著急很想勸告，同時，眞的全心全意的在，眞的聆聽，於是啊，有一天眞的懂了他。我想起蔣勳老師說：

「……雖然沒有花，沒有葉子，但是河邊的樹看了很多年，他都熟悉，知道哪一棵是欒樹，哪一棵是苦楝，記得它們何時發新葉，記得它們何時開花，記得它們結果實和落葉的時候。

一棵樹要在不同季節認識他們不同的樣貌，如同一個人，可以認識和愛戀他從青年到老不同的容顏嗎？只認識表面青春容貌，畢竟難在心底深處有深刻記憶吧……」

陪伴的心情，很像是「河邊的樹看了很多年，他都熟悉，知道……」因爲沒有著急給提醒說勸告，所以似乎也更能一同參與了眼前故事主角的美麗與哀愁。

於是我們看見了主角「沒有花沒有葉子」的日子、體會了他「長長冬天的枯枝」的蕭瑟、一起祈求「春天終於盼來的小小的嫩綠」，於是，可以懂得「從青年到老不同的容顏」。

4-5 默唸的陪伴心法口訣

心法，像武士練劍之前先安靜掃地一樣。武士**安靜的握著掃帚的木柄**，**感覺到木柄傳來樹葉和土地的摩擦**，先安靜的掃地，然後喝口水，ㄟ~感覺到更安靜一點，然後，才上場。來看看關於安靜掃地的六個陪伴心法口訣。

攝影家布列松的眼睛

法國攝影家布列松說：「在拍攝的時候，我總是閉著一隻眼睛，我用這隻眼睛觀察自己的心靈。我又總是睜著一隻眼睛，我用這隻眼睛觀察整個世界。」

布列松的話語在寒流來的夜裡，震動著我的心。是啊……如果陪伴的時候，安靜的觀察，再安靜的觀察，然後，等待那心裡迴盪出來的一絲絲眞實又清明的體會，這樣會很美。

陪伴，常常是因爲深呼吸的放下想要改變對方的心，所以才陪得到。他要改變，是他人生的大決定，而陪伴的人，如果意圖改變他扭轉他，他常常會躲回去縮到牆角，甚至「ㄣㄣㄣ～」電動的自動的升起一道高高的牆，很多人一偵測到別人想要改變他，心裡面就會升起那座電動的自動化高牆。

如果，我們放下改變對方、放下扭轉他的心，選擇單純的陪伴，這個時刻，我們就**從「改變」的角度移動到了「守護」**。同時，當你帶著安靜的心，守護著牆裡開出的那朵花，那朵花開出來香味噴發的剎那，這個時候受益的就不會只有你，連路人都會聞到芬芳。

「我總是閉著一隻眼睛。我用這隻眼睛觀察自己的心靈。」

如果，我們讓布列松的這個眼睛往心裡瞧，覺知了自己有一份想改變對方的著急；接下來，當著急放在旁邊之後，還可以更升級的問問自己：

「他有故事，我有酒嗎？」

「我的心，是不是準備好了那罈好酒，微笑的斟滿酒杯，等待著聆聽眼前生命的故事呢！」

「我又總是睜著一隻眼睛，我用這隻眼睛觀察整個世界。」

如果，我們飽滿的凝視著眼前的他，這獨一無二的生命，然後，如果你心裡有一個感動、有一個快樂、有一個心疼、有一個觸動，那就是一朵花，正在開。於是，你可以當第一個對那朵花說「嘿～你在這裡啊」的人；於是，你拜訪了他的脆弱，你拜訪了她本來隱藏的芬芳，然後，你輕輕柔柔又暖暖的說：「嘿～你在這裡喔……」在這樣的凝視裡，生命忽然就不孤單了。

於是，我們有了這一句可以在心中默唸的心法口訣：

「是的，我沒有要改變你。我閉著一隻眼睛，用這隻眼睛觀察自己的心靈，問問自己是不是準備了那安靜聆聽的好酒；同時，我睜開我的一隻眼睛，我用這隻眼睛等待、守護，那牆裡開出的一朵花。」

春天看紫花看綠葉，冬天看枝莖婉轉

夏天的尾巴，在花蓮誠品書店很驚喜的發現蔣勳老師二〇二二年的新書，而且還是簽名限量版！珍惜的買下，珍惜的打開一頁、一頁。蔣勳老師書裡這樣寫著：

「苦楝樹枝莖細長優美，但是春天時有淺紫的花色和濃密綠葉覆蓋，看不太到枝幹的線條。一棵樹也有一棵樹在不同節氣裡的美，春天看紫花看綠葉，冬天看枝莖婉轉。」

我深呼吸，又深呼吸。是這樣一顆安靜的心吧，所以看見了花兒和綠葉都凋謝之後的枝莖婉轉。東海岸都歷遊客中心的大草地往太平洋望去，也有一棵大大的苦楝樹，到了冬天，那樹幹彎曲的美極了的弧線，襯著月光海音樂會的歌聲，像天堂。

我想，如果想要給出帶著祝福的命名，真的需要這一顆安靜的心先來到啊，於是，我們有了第二句心法口訣：

「我邀請安靜的我來到這裡，我許願，可以看見春天綻放的紫花綠葉，也可以看見冬天的花兒綠葉凋謝之後的枝莖婉轉。」

開墾溫柔

我很喜歡感受作家康菲爾德的話語，他說：

「親切體貼的對自己，有溫度的對待人。」

「踏出評判的法庭，邀請自己沉靜下來與完整的自己輕鬆相處，親切而體貼。」

「踏出評判的法庭」這七個字讓我震動多日！一個人如果成功的離開了踏出了評判的法庭，是不是更有機會可以開墾那塊終將來到的溫柔的土地。有意思的是，評判，是從小學會的能力和習慣，要能放下對錯善惡的兩極判斷，需要路徑。

當一個東西是單薄的，只有一個平面或一個點，我們會容易跑去評判那裡，想到要接受或不接受、會喜歡或會討厭。但是，當我們有機會接觸到一個人的「立體面」的時候，我們可以不那麼理所當然的走進好壞對錯的法庭。難怪有一個小說家這樣說：「不要把我討厭的人介紹給我**眞的認識**，因爲一旦我眞的認識他以後，就沒有辦法討厭他了。」

立體面，怎麼看見眼前的生命的立體面呢？多探索多問就有了。

「眼前的生命，他掙扎著什麼？」「除了他的辛苦之外，他的可愛在哪裡！對了，我可以問問他，有沒有特別喜歡吃哪一種甜點？」「你如果被動物園園長指派去照顧動物，你會興高采烈最希望去照顧哪一種動物！」

於是，我們有了增加看見立體性的第三句口訣：

「我想要親切體貼的對自己，我想要有溫度的對待人；我願意踏出評判的法庭，邀請輕鬆相處親切體貼到來；我眞心的想要更立體的，不單薄的，聽見你的故事。」

初學者的眼睛

很喜歡這幾個字，像初學者的眼睛（Beginner's mind）。很像所有的事情都是新鮮的、都是好奇的，像清晨的花那柔軟的一朵花瓣；像是春天冰山剛剛融解的清澈溪水；像一隻可愛的小羊有點怯生生的眼睛，但是卻又明亮的看著眼前的世界，咀嚼著，嘴巴旁邊那嫩嫩的青草。

心裡的眼睛如果可以像是初學者的眼睛，那麼，每一個早安、每一個擁抱，都可以像是第一次一樣。於是，可以翻開新的一頁，不用停留在過去的枝枝節節的那些牽絆。

陪伴一個人的時候，如果可以帶著生命的厚度又能像是透光似的，那該有多好。可以試試看這樣體會：

「在厚度裡感覺到溫暖，在柔軟又厚實的花瓣裡來回芬芳。」

當眼前的人說出一段和我們內在不太一樣的話語，或者，做了一件我們一時無法理解的事情，不會像是撞到牆、打到玻璃一樣的彈回去，撞出去，而是像是進到了厚厚的花瓣裡，在內裡的厚度中，碰觸迴盪、輕敲觸摸……

於是，自己就是這個厚厚的花瓣，當眼前的人說出了一段故事，那些話語和畫面，會好自然的在柔軟又厚實的花瓣裡，來回芬芳，飛進飛出，很像是把鼻子湊近到花苞的眼前，會忍不住的那一種花香。故事，因爲這樣的花香而更飽滿，更立體了起來。

於是評判的法庭，說不定有一天可以是過去，可以是曾經，可以是已經過去的曾經。而那新長出來的，那單純又芬芳的厚厚花瓣，有機會透著光，朝朝暮暮。

這個時候，我們有了增加陪伴厚度的第四句口訣：

「我願意學習，初學者的眼睛，讓每一聲問好、每一個關心、每一個握手，都像是第一次一樣。我想像自己就是厚厚的花瓣，讓聽到的故事，那些話語和畫面，自然的在厚度裡感覺到溫暖，在柔軟又厚實的花瓣裡來回芬芳。」

今天早上不要掃地

幾年前，小女兒阿毛讀國小時，有一個很可愛的小故事。那是一個早晨，我騎摩托車載阿毛去村子裡的國小上學，我們父女倆一下看看右邊的都蘭山一下子瞧瞧左邊的太平洋，就到了學校。

阿毛進了校園，我因為想觀摩學習校門口對面大大的南瓜田如何做畦，就把摩托車停在路旁，目不轉睛的觀察那專業農民揮舞鋤頭的身手。忽然，耳邊傳來導護老師跟全校小朋友說話的嘹亮的聲音：

「各位小朋友，這個禮拜的外掃，落了滿地的大葉欖仁的紅色大樹葉不要掃掉，我要照相，因為太美了。」

哎呀，這樣的安靜停留，教會小朋友們對於美的熱愛，我好喜歡又好感動。心裡想著：「喔～原來可以這個禮拜都不要把滿地的紅色大大的樹葉掃掉，原來可以這樣看見美，留住美也享受美，原來可以這樣停留在美的世界裡，原來可以喔！」

這也讓我想起蔣勳老師的一段文字：

「新葉、開花、結果實、落葉、禿枝，都是樹，也都不是樹。我們執著的或少年、或青春、或啼笑皆非的容顏，在時間中易變流逝，從來不曾停留。」

這動人的描述文字，是哲學家是文學家的筆觸。如果我們用陪伴心理學的角度進入，那麼，即使知道時間從來不曾停留，即使知道這些那些都是執著，我們依然「深呼吸停留」在每一個相遇的剎那。

所以啊，我們安靜的停留在新葉，也停留在落葉；我們停留在少年，停留在青春，也停留在啼笑皆非的容顏。因爲，在陪伴心理學的視角下，這個那個，都是值得我們停留、了解、懂得的這棵美麗的樹。

於是，我們有了陪伴心法的第五句口訣：

「我願意學習，放掉對於枝枝節節的執著，安靜的停留在美的時刻，看見美，欣賞美；我願意停留在一棵樹的新葉、開花、結果實、落葉、禿枝，我願意安靜的感受少年、青春、和蒼老。」

像太陽一樣溫暖，像月光那樣專注，像土地一樣承接，像風一樣自由

人受苦的時候，遇到困難的時候，常常會有一種感覺就是畏寒。陪伴的時候，我們期盼給出**畏寒的相反**，於是我們期盼可以擁有一種美好的狀態，帶著柔軟的力量，有承接又有自由。

如果可以，像太陽一樣溫暖；如果可以，像月光那樣專注柔軟；如果可以，像寬廣的土地一樣承接，不拘泥於人世間的眞假對錯成功失敗，開闊的去聆聽去愛一個人；如果可以，像風那樣自由，讓眼前的生命因爲你的陪伴而活得更自由，因爲你的經過而眞的更喜歡自己。

要擁有**風土日月**這四個元素，當然是不容易的事，它像是一種生命的底蘊。我們可以先透過想像的方式，來把這四個好狀態，帶到身體裡帶到此刻的自己，然後帶著這樣的好狀態，陪伴眼前的主角。閉上眼睛，然後這樣想像：

「你生命中的誰，像風一樣自由，或者他/她的存在可以讓你更自由？」

「想像一片曾經承接過你的土地，或者，像土地一樣承接過你的人……」

「誰的身上或者你自己身上，什麼時候曾經有過像太陽一樣的溫暖，月光一樣的專注？那是什麼樣的一個畫面、時刻，有著什麼樣的呼吸、眼神和溫度……」

於是，我們有了可以默唸的第六句口訣：

「我想要許下一個心願，可以是現在，也可能是不久的將來，我盼望自己可以……像太陽一樣溫暖，像月光那樣專注，像土地一樣承接，像風那樣自由。」★

上面這些可以在心中默唸的心法口訣，除了體會理解之外，還可以有一個很實用的創意用法，叫做「你想要什麼樣的我來陪你」。怎麼做呢？很好玩喔，你一定要找機會試試看、用用看！

你想要什麼樣的我 來聽你的故事

在陪伴主角之前，你可以翻開這一頁，然後問主角：「這裡啊，有六個陪伴的心法口訣，這上頭有沒有哪一個，你希望我安靜的，一邊唸出來，一邊引領我可以在深呼吸之後，帶著這樣的品質來聽你的故事？」

「我邀請安靜的我來到這裡，我許願，可以看見春天的紫花綠葉，也可以看見冬天的花兒綠葉凋謝之後的枝莖婉轉。」

★陪伴者小訣竅

唸到像太陽一樣溫暖時，讓自己真的去感受陽光照到皮膚上熱熱的感覺；唸到像土地一樣承接時，把雙臂大大的打開，感覺寬闊和厚實；唸到像風那樣自由的時候，真的聽見了風的吹拂。

「我想要許下一個心願，可以是現在，也可能是不久的將來，我盼望自己可以……像太陽一樣溫暖，像月光那樣專注，像土地一樣承接，像風那樣自由。」

「我願意學習，放掉對於枝枝節節的執著，安靜的停留在美的時刻，看見美，欣賞美；我願意停留在一棵樹的新葉、開花、結果實、落葉、禿枝，我願意安靜的感受少年、青春、和蒼老。」

「是的，我沒有要改變你，我要閉著一隻眼睛，用這隻眼睛觀察自己的心靈，問問自己是不是準備了那安靜聆聽的好酒；同時，我要睜開我的一隻眼睛，我用這隻眼睛等待、守護，那牆裡開出的一朵花。」

「我想要親切體貼的對自己，我想要有溫度的對待人；我願意踏出評判的法庭，邀請輕鬆相處親切體貼到來；我真心的想要更立體的，不單薄的，聽見你的故事。」

「我願意學習，初學者的眼睛，讓每一聲問好每一個關心每一個握手，都像是第一次一樣。我想像自己就是厚厚的花瓣，讓聽到的故事，那些話語和畫面，自然的在厚度裡感覺到溫暖，在柔軟又厚實的花瓣裡來回芬芳。」

4-6 讓能量微笑的「意念破題法」

年輕的諮商師，一晃眼也已經在大學諮商中心專職工作三年了。歷經三個冬天三個夏天，眞槍實彈的陪伴學期剛開始時慌張緊張的孩子，陪伴期中考之後失去希望沮喪無力的孩子，因爲眞的陪伴了，提問越來越核心了！

「哈克，三年下來我發現，面對來談的個案學生，我最怕自己的能量被拉垮。眼前的孩子帶著煩惱困擾來，帶著失落受傷來，能量偏低，不知不覺把我的能量往低處拉拉拉。

有時候一不注意，下班回家的路上，會頭痛不舒服，食慾很好的我有時候竟然會累到連晚餐都不想吃……想問問哈克，關於能量被拉垮這件事，有沒有解藥？」

我想起自己二十八歲從美國回到臺灣的第一年第二年在清大諮商中心當兼任諮商

師，也是這樣。常常離開個諮室的自己，帶走的不是陪伴的喜悅，而是痛的集合（頭痛胃痛腰痠背痛眼壓高）。這樣能量被拉垮是年輕時的日常，常常第二天眞的不想要再踏進諮商中心的大門，甚至很不專業的，當學生打電話來說今天有事不能來晤談時，還會暗自竊喜像是鬆了一口氣似的。

一晃眼，二十幾年過去了，解藥，不敢說有；同時，也逐漸體會到，解藥似乎藏在兩個方位，一個在前行的東北方，一個在滋養的西南方。東北方的方位是「**讓能量不被拉下**」，西南方的方位是「**來去充飽電**」。

這本書的最後，來說說這兩個方位。這一篇先上桌的是方位在東北方的，讓前行維持能量不被拉下的「意念破題法」。來從某一次臺北的 podcast「心理敲敲門」的受訪說起。

那是二〇二二年夏天，很興奮的期待著，我的第二個線上聲音課程「讓夢想著地，陪你生涯轉彎不孤單」即將上架。我從東海岸搭火車北上，而臺北明亮的錄音室裡，諮商師楊嘉玲和劇作家陳怡璇，專業用心準備，還事先收集網友們對於生涯的疑難雜症，精選出大家不知道該怎麼辦的問題來問我。

專訪一開場就很難，主持人這樣問：

「哈克，我們蒐集到最多人煩惱的生涯提問是：得了一種叫**『間歇性凌雲壯志，常態性混吃等死』的病，意思是新世代好像特別容易很快的喜歡上一件事情，可是卻又很快地失去熱情，而且這個病，還週期性的每半年要發作一次。得到這種病，該怎麼辦呢？」**

呵呵，非常刺激的提問。對著錄音室的麥克風，我這樣回答：

「這個病，不好治。但是，治起來很有意思。

間歇性凌雲壯志、常態性混吃等死。這個形容很精采，嗯～其實我想想，自己二十幾歲的時候好像也是類似這樣，熱情來了又去，來了又去，然後怪自己，怎麼都沒有辦法堅持。

其實很好玩喔，我們一起來用品質很好的顯微鏡看看這句話『間歇性凌雲壯志，常態性混吃等死』。這句話的情緒是眞實的，這個情緒叫做挫折，叫做『哎呀我怎麼又來一次，又浪費我的時間了』，是一個不知不覺習慣性的自我攻擊所帶來的挫折感。

只是，不知道你有沒有發現，**這個情緒是眞實的，但是邏輯是錯誤的！**」

我話語一落，兩個好朋友嘉玲和怡璇，不約而同的都張大了嘴也張大了眼睛，疑惑又興奮的追問爲什麼！爲什麼情緒是眞的，邏輯是錯的？哈哈，我特別喜歡看到這樣的合不攏嘴的表情，我笑笑的說：

「你們兩個有點驚呼又伴隨很疑惑的表情很好看呢！爲什麼，爲什麼邏輯是錯的？我最近發明一個新名詞，叫做『意念破題法』，我來講講喔。

你看，『間歇性凌雲壯志，常態性混吃等死』，時間啊，如果你間歇性的有凌雲壯志，那**你混吃等死的時間**，**去除掉間歇性的凌雲壯志的時間**，**一定也是間歇性**。

因爲凌雲壯志的時候已經是間歇性，已經佔去了一部份的時間了，所以，混吃等死就不可能是常態性了（**因爲 10-3 ≠ 10**）。

所以，情緒，挫折的情緒是眞的，可是思考邏輯是錯的。錯到哪裡去了！**思考邏輯跑偏了跑歪了**，**跑去了『以偏概**全、**以苦概樂**、**以負概正』那裡**，一**不小心竟然把負向的東西拿來全部置換**、**遮掩蓋住了其實你有努力的地方**。這個思考的跑歪跑偏，正好就是拉垮能量的元凶。

我來用另外兩個例子說明，你會聽到有人這樣問：『爲什麼我每次談戀愛都這麼坎坷？』或是：『爲什麼我種的植物、我種的菜都很醜？』

這些挫折的情緒都是眞的，都是不開心，同時，邏輯是錯的。當我們知道了邏輯有謬誤，就可以在陪伴心理學之中，學習在思緒裡改換成下面這樣的新的內在對話：

『哎呀～我談戀愛的時候啊，有時候很痛苦，有時候有快樂。』

『我發現啊，我種的植物有的挺漂亮，有的不是很好看。對ㄟ，今年冬天種的菜有的眞的很老，有的其實很嫩喔。』

這裡很好玩喔，因爲情緒是眞實的，我們不能忽略它，我們深呼吸接住這個眞實的情緒。同時，我們怎麼跟自己說話，怎麼去說一個深愛自己的故事，這時我們使用的內在對話是很重要的。你會發現，語言只要一改，這個世界的顏色就已經不一樣了。」

兩位主持人其實都是看過世面的，訪問過衆多高手的她們，此時兩雙眼睛都明亮晶瑩的等著我把 know how 講出來。我繼續說：

「自我對話、自我提問，只要內容一改，心裡的狀態就會改變。當我們把『常態性』混吃等死，改成『間歇性』混吃等死。然後，來，跟著我唸一次這個新的自我對話：『我有時候淩雲壯志，我有時候混吃等死。』」

看到藍色的天空，再看到烏雲密布

「你眞的唸一下感覺一下，會發現唸一次新的，心情就已經有一點不一樣囉。因爲

我已經看到我藍色的天空，再看到我烏雲密布，而且，沒有自動化的讓烏雲密布整個蓋掉藍色的天空。

接下來，你應該也已經發現了，『混吃等死』這四個字眞的不好聽又沒有幫助，所以，其實可以直接改成『享受快樂』。當你用混吃等死四個字的時候，是**用盡全力打擊自己**，習慣性的又使勁的打擊自己，實在不是好事，所以可以考慮改掉換掉。

改了之後，來，唸一次更新升級的：『我有時候凌雲壯志，我有時候享受快樂。』呵呵，是不是跟一開始差很多了？」

兩位已經成名而且很受歡迎的主持人，這個時候可愛的像小學生似的跟著我喃喃自語的複誦新句子！好開心呢，因爲我知道，聽 podcast「心理敲敲門」的好多朋友們聽到節目的時候，也會這樣很可愛的一起學習修改句子。

「哈克，這裡是不是有步驟？」嘉玲很體貼，幫沒有在錄音室的聽眾問。

「有！意念破題法有三個往上的階梯。我們來一起看：

第一步，把『常態性』混吃等死，先改成『間歇性』混吃等死。

第二步，『混吃等死』眞的不好聽，改成『享受快樂』。

所以，新的內在對話在簡單的兩個步驟之後，可能只有花一分鐘的時間就走到這裡，已經變成嶄新的句子了：『我有時候淩雲壯志，我有時候享受快樂。』

接下來，還有**力量強大的第三步**呦！下一個可以意念破題的地方，對，就是那個『淩雲壯志』。當你用淩雲壯志這四個又大又高的字，哎呀，你可能成功的創造了一個幾乎註定對自己失望的目標。

假設我自己二十五歲那年，立定的壯志是要成為一個世界級的解夢大師。那我二十五歲到三十幾歲，一定苦不堪言。因為太容易會覺得自己每天都沒有達成目標了。你知道的，喝太多水，會一直尿尿；而志向太大，會壓死自己。我還記得，我二十五歲的時候立定的志向是偏可愛型的，我想要成為『挺可愛的解夢計程車司機』。對，你要去哪裡？喔～我送你去！啊，你說剛好有一個夢？喔好啊，我們來去的路上順便解夢一下，探索夢本來就很好玩，沒解開也沒關係的。

這裡，就是關鍵的第三步：從『淩雲壯志』的高空大夢，落地著地，來到接下來要說的『五十一％的本手下法』。之所以要從高空大夢下來，是因為目標太遠太難真的達成，於是久了久了甚至會開始預期失敗的到來，甚至會期待失敗，因為一旦失敗來了，就可以乾脆算了放棄了，就可以不用再努力了，這樣的能量趨勢和走向，眞的可惜了。」

五十一%的本手下法

「前幾天在臺東的紅土網球場邊，正好遇見一位球友是圍棋老師，閒聊之間學到了一個很精采的說法，圍棋有兩種下法：一個叫**妙手**，一個叫**本手**。妙手啊，很奇妙厲害的一個棋子下下去，哇～扭轉全局！如果生涯開墾，心思都放在期盼妙手一招扭轉全局花火燦爛，那麼，因爲高空夢想太難達成，於是挫折和沮喪常相伴。

這時候怎麼辦？本手下法，正好提供了開墾生涯極佳的選擇。本手，本分的本，它是一個很著地的作法，穩紮穩打，在原本的土地上安靜的穩定的，往外開墾一小步。關於本手和妙手，我的作家朋友古典老師有精采的描述：

『下圍棋的人都知道韓國棋手李昌鎬，他十六歲就奪得世界冠軍，巔峰時期橫掃中日韓三國棋手，是圍棋界一等一高手。李昌鎬下棋的最大特點，就是很少有妙手。

厲害如李昌鎬，爲什麼沒有妙手？一名記者曾問他這個問題，他憋了很久說：「我從不追求妙手。每手棋，我只求五十一%的效率。」』

很精采厚！我把上面這個概念和做法，重組之後給了一個命名，就叫做『五十一％的本手下法』，說的是，這一子我下下去，想著在整個棋局的勝負裡面，我只要有過一半的機率就很好，我沒有要一瞬間扭轉全局，我只要稍微改變一點點，有一個五〇％到增加一％的移動，變成五十一％。

是這個『五十一％的本手下法』，能夠有機會慢慢的百分之一又百分之一的接近心底的盼望。因爲扎實下了一子，沒有多想未來會變成多厲害多美好，於是，從『我會不會不只是這樣』百分之一的開墾又開墾，逐漸靠近『我眞的可以是那樣』。

因爲想的是百分之一的進步，目標放在小小的產出、小小的收成，就不會一直相信自己什麼都做不到。」

「哈克，這個『五十一％的本手下法』很精采呢！能不能舉個例子，讓聽眾們更能體會實際上可以怎麼開始這個本手下法？」劇作家怡璇有很安靜的心，眞的體會到了，同時想靠近更核心的內裡。

「當然好啊，舉個例子來說，我大女兒黃阿赧十五歲，剛考完會考快要讀高一了。這個暑假我超級開心的一件事情是，黃阿赧去我們東海岸好朋友的餐廳打工，都蘭和長濱之間的一家精緻的小餐廳叫幸福食堂。

女兒要去打工之前，其實當爸爸的我是有點緊張的，因爲廚房很熱，客人又各式各樣，到了暑假東海岸的人潮是很瘋狂的，在餐廳幫忙要洗碗、拖地、添飯、送菜、說菜、端盤子。

十五歲的女兒，眞的去餐廳打工了，晚上十點下班回來唧哩呱啦又唧哩呱啦的跟我說：

『把拔，開餐廳很不容易餒。小琪姐姐小恬姐姐開的店，他們平常只有兩個人要做那麼多事，好誇張喔！我只有去幫忙幾天都那麼累了，他們每天都要這樣做，眞不容易……還有啊，把拔你知不知道，那個添飯給客人要添得這樣稍微尖尖的，份量要剛好還要看起來好看，沒有那麼簡單！』

我聽到大女兒這樣深呼吸，然後吐氣的說：『厚～把拔，開餐廳眞的很累餒。』這一句話一落，我就眞的知道，這個孩子開始了邁出她的第一步『五十一％本手下法』。

因爲大女兒從國小開始就很愛打蛋揉麵團做烘焙，她很喜歡做焦糖布丁、生乳捲，我超愛吃女兒做的甜點。她的夢想是開一家甜點店，然後，當她不是只有幻想有一天成爲一個廚師，而是實際的在十五歲這一年、即將升高中的暑假去了一家餐廳打工，這種眞實的體驗，正好就是五十一％的本手下法。

腳踏實地，不是口號，是眞的用行動和體會開墾，爲自己創造出那多出百分之一的靠近夢想，就像創作歌手李宗盛說的，**一步一步每一步都算數**。」

臺北的這個專訪，播出之後，得到很多朋友的美好迴響。我猜想，是因爲這個意念破題法，挺實用又好操作，很有機會，可以是一帖藥方讓陪伴者保持流暢的好能量，在繼續給愛的路上。

年輕的諮商師，聽了專訪的完整內容之後，這樣說：

「我第一次看到『間歇性凌雲壯志，常態性混吃等死』時，覺得這狀態形容的太眞實，是個很深的困境。但是，哈克一個**混吃等死是間歇性**的概念一進來，啪！整個世界就翻轉了，這是很震撼的事情!!」

「呵呵，那個啪！的一聲翻轉，眞是有趣啊！諮商心理學，眞的是一門相信的學問。我們學會去選擇**相信它的力量**，但是，**不要相信它用來攻擊削弱自己的語言邏輯**。」

因爲選擇了這樣的相信，能量沒有被拉垮，於是後來有時間和空間等到下一個美麗的時刻來到。同時，這個翻轉很重要的轉折是落地在小小行動的實踐上，也就是五十一%的本手下法。之所以回來強調本手下法，是因爲，如果我們陪伴的對象，學會了有夢想的同時，心中有了「需要有小行動的本手下法」的概念，我們才有機會不一起被淩雲壯志壓垮，因而帶著好能量陪伴前行。

在一篇《聯合報》「名人堂」的專欄裡，讀到了洪蘭教授寫的一個澳洲的研究。這個很有意思的研究，想要鍛鍊選手們雙臂上的二頭肌小山丘，請選手們手拿重物自然下垂，在上臂不動的情況下將重物上舉靠近自己的肩膀，再緩慢放下。

爲了測試鍛鍊的成效，研究把選手們分成三組，第一組每天做六下，連續做五天；第二組一個禮拜做一天，一天就三十下；第三組一個禮拜做一天，一天六下，連續做了四週。結果發現：

第三組一個禮拜做一天（一天做六下）的沒有任何肌力增強或肌肉變厚的效果。

第二組一個禮拜做一天（一天做三十下）的肌力沒有增強，肌肉量增厚了五・八％。

第一組**一個星期連續做五天（一天做六下）**的選手，肌力強度增加一〇％，而且肌肉量增厚程度跟第二組差不多。

讀到這個研究的早晨，正在幫這篇文章收尾，很驚喜的發現，原來對訓練肌力來說，**每天做一點，比一次做很多更有效**。眞的沒有想到，原來肌肉的訓練跟人的生涯夢想實踐一樣，似乎比較在乎持續的頻率，而不在乎量。

陪伴眼前的生命，可以眞的把上面這個研究說給他聽，或者，翻開書裡的這一頁，給他看看這三組選手的研究差異，於是，眞的把這個概念寫進他的心田地圖裡，眞的懂了……

「喔～五十一％的本手下法，原來就像這個澳洲的研究一樣，就是一天做一點，同時，眞的一個星期連續做五天，然後，記得喔，要休息兩天，因爲一個星期有七天；休息了，喘息了，再提氣來到下個星期，我們又來持續的，做五天。」

4-7 內在湧泉

在自己的土地上，孕育照料自己的原生種植物，是我在生涯主題裡最喜歡說的概念。原生種植物的孕育選擇，需要回答吉利根博士講英雄之旅的方向提問：「生命這個時候，我想要創造什麼？」

如果有了一個方向在眼前，比如說，帶著愛給出有品質的陪伴，好像有了一個箭頭從現在指向未來，那麼接下來要做的事，就是要**找尋內在湧泉**，邀請各種資源匯集而來，於是能夠跨步向前。內在湧泉的找尋與創造，正好就是上一篇提到的兩個方位的解藥，位於西南方的「**來去充飽電**」。

內在湧泉是一個**開鑿過程**，開鑿出一個主河道，真的拿著鋤頭，把它的形狀雕刻出來。你如果去看鄉村裡的灌溉渠道，你會發現它是有一個寬度和深度的，所以真的要經年累月的挖，直到那個河道很穩定的存在，於是水才會穩定而持續地來，灌溉滋養土地。說不定你還記得前面說到的助人者承接的容器，內在湧泉的滋養，正好也是保養和照顧這個容器最必要的核心。

照料生命的湧泉，可以很外在，像是去髮廊洗頭、去礁溪泡溫泉、去蝦皮買狗狗貓貓的零食小玩具；這裡，我們來說說從內在從心裡來的湧泉。

蒐集故事，是內在湧泉的關鍵入口。我的好朋友黃錦敦老師說得很精采：

「天堂，不是一個地方，是活過的時刻。」

「記得，蒐集故事，不只招來春天，還可以過冬的。」

內在湧泉，有點像是資源故事，包括自己創造的、活出來的，也包括生命中遇見的、碰到的。內在湧泉的故事藏在你的心裡，重點是你不只要存檔存好它，而且要時常去提取它。下頭，來說幾個內在湧泉的故事。

力量會一天一天來：小雲的故事

在長期督導團體熟識的社工小雲，一大清早開心的和我分享：

「哈克早安，昨天我挑戰第一次帶著我的礦石手珠去擺市集！來的第一個客人是個幼稚園小男生，超可愛的！後來，攤位上又來了兩個女生，其中一個女生雖然戴著口罩，但我能感覺到她的難過，聊了聊才發現她早上寫給妹妹的生日卡片，在她準備出門時看見在垃圾桶裡，她一路哭著來參加市集，說是一進來就看到一條特別吸引她的手鏈～

我後來跟她說，我的老師哈克告訴我：『會哭的人啊，笑起來最美了。』

雖然沒能看到她的笑容全貌，但她彎彎的眼睛在那一刻眞的很美，她最後買走了說是能給她安定力量的礦石手鏈。我跟她說，我的老師還告訴我：『力量會一天一天來。』這句話陪我好久，希望這句話也能給你一些力量，相信自己，會哭的人啊，是很有力量的，因爲他們能眞實的展露自己的情緒。』

她，開心地離開了，我也好開心呢！」

上面這段短短的小故事，我超級珍藏。因爲對我來說，小雲的故事裡觸動的眼淚、風雨後的笑容，那感動的剎那是我賴以維生的養分。感動並不像錢像收入可以量化，可是我發現，當我「跟感動在一起」時，我的內在湧泉會涓涓流入。

內在湧泉的故事也包含祖先、家人帶給你的美好。我的爸爸是客家人，我的爺爺家在苗栗通宵烏眉，烏眉，烏溜溜的眉毛ㄟ，多美的名字啊。爺爺慈愛的故事裡，我最喜歡的是這一個——

在麵攤吃麵時不點小菜的爺爺

那個年代，日據時代剛剛結束，爺爺的工作是把山裡溪裡的物產用扁擔挑到城市裡賣，再把城市裡的產品挑回來山間的村子裡賣，中間要翻過好幾座山。

爺爺每一次翻山越嶺背著貨物到山的另外一邊的城市，賣完東西拿到錢，都會去吃一碗麵。跟爺爺一起這樣挑東西做生意的朋友不少，爺爺的朋友在麵攤吃麵都一定會點小菜、一壺小酒，但是爺爺不會。

爺爺總是只吃一碗麵，然後他都不會叫小菜。爺爺把點小菜的錢省下來，拿去買豬肉，然後提著豬肉再走幾個小時的山路回來，給一大家子的孩子吃，我的父親是八個兄弟姊妹裡的二哥。二哥一直到老都記得，爺爺回來的那個晚餐，總是有肉吃。

我一直很喜歡爺爺吃麵不點小菜這個故事。這個故事種在我心裡面很深的地方，像是有地熱的溫泉，是我「學習愛的付出的原型」。事隔多年，把這個故事寫進書裡的我，依然熱淚盈眶，**這個故事用一種很特別的方式，支撐我要前去的方向**。

內在湧泉，也可以是師長，也可以是好朋友。下頭這個故事，是我的傳藝恩師王輔天神父。

我一輩子都不要忘記的一杯水

王輔天神父九十幾歲了，很慈祥的老人家，他是我學習心理治療的恩師。

記憶回到我二十九歲，從美國拿到諮商碩士回到臺灣的那一年，那段日子王神父幫我做個別輔導將近一年，每星期我都會去新竹市天主教社會服務中心二樓的諮商室，一個很簡單很樸實的木頭裝潢的小房間。

那是一個夏天不需要冷氣就很涼快的地方，有好大的鳳凰木。每一回到了二樓的諮商室時，我都會有一點緊張。後來才慢慢理解，會緊張，是因爲在王神父面前，**不知道爲什麼都會想講最心底眞實的話**，可是最眞實的話講出來是會連自己都嚇一跳的（因爲忽然翻進了內牆），所以每一次去坐在那個木頭椅子上都會緊張，不知道等一下會發生什麼。

記憶中的王神父有一種上了年紀的緩慢和安靜。每一回我敲門，開口說：「神父早安」，神父看到我進來，就會出現很可愛溫暖的微笑，然後啊，接下來他都會做一件每次都一模一樣的舉動——

他會站起來，走出諮商室的門，走過方形的走廊，那個二樓的建築物圍繞著中間高高的樹，他從二樓的這個角落的房間站起來，走走走到另一個角落，那裡有一個飲水機。王神父手裡拿著一個小小的玻璃杯，裝一杯水，然後再走回來，遞給我這杯水。

這是他每一次的儀式。我覺得他去倒水給我喝的時候，都在盼望等一下的時光，他正在準備著要真心的迎接我等一下要說的話，他想要我慢慢說，不用緊張，但他從來不會告訴我那句話：「慢慢說，不要緊張。」

他不用語言來告訴我，他用他的身體走走走去裝一杯水給我喝來告訴我。接下來，他會把水遞給我交到我的手上，然後溫柔又有空間的說出很有力量的兩個字：「然後……」

然後……我就開始說我那星期的生活，鬱悶的、不開心的、想突破的、想進步的、開心的、好笑的，什麼真實的都說了。王神父的那杯水，那樣子的盼望跟迎接我的故事，我，記在心底，我一輩子都不要忘記。

創造快樂能量：五六七八的故事

長長的東海岸從富岡漁港一路到長濱，有好幾個美麗的海灣。其中一個特別美，海水在陽光閃耀下，會有牛奶綠、牛奶藍、有湛藍、也有靛藍，不管開過幾次車經過那裡還是會讚嘆，這個特別美的地方叫情人石海灣。

從海岸公路台十一線往太平洋望去，情人石座落在海中間，石頭的形狀經過海浪拍打千年後，竟然像是一個男生正在輕輕的親吻女生，那時天光正美，海水正藍，情愫正在心裡打拍子……

每一次只要開車經過這裡，兩個坐在後座的女兒就會：「五、六、七、八！」然後全車的人就會跟著拍子很有默契的很有節奏的發出像是親吻的聲響：「嘖嘖、嘖嘖、嘖嘖、嘖嘖～（很像是打四拍發出八個聲響）」哈哈，然後接著全車的歡樂笑聲。

每次都這樣，但是有幾次我因爲很專心開車就忘記了要一起，這時候，車子後座就會傳來提醒的聲音說：「把拔～」然後就接著來了「五、六、七、八！」我會忽然恍然大悟，吸一口氣快快跟上節奏，一起笑著：「嘖嘖、嘖嘖、嘖嘖、嘖嘖～」

說不定你已經猜到了，第一次，是哈克發明的。是啊，第一次經過這裡，我看到這麼美的海，座落了亙古的美麗的石頭，我的童心，就創造了這個很可愛的故事橋段，「五、六、七、八！」然後一起笑著「嘖嘖、嘖嘖、嘖嘖、嘖嘖」。於是，有了可以每次重製的快樂能量。

親愛的朋友，你一定也有像上頭這樣的類似的內在湧泉故事。在故事裡，我們有機會在某一天忽然發現，自己比想像的還要更強大；原來自己竟然能夠如此溫柔；原來腳的力量比自己想像的還要著地。

於是，我們逐漸的在故事裡，**相信了自己**。

4-8 轉角的那個用鐵桶烤蕃薯的老爺爺

立秋的傍晚升起了漂流木的火，一邊把早上作農時挖出來的形狀歪七扭八的小蕃薯，在鐵製的焚火台上柔柔的烘烤。空氣裡，香味樸實又飽滿的鑽進記憶裡，想起了童年時的一個香氣，那是在臺中大甲老家，走路或騎腳踏車要右轉往媽祖廟的路上……

在那個轉角的紅綠燈下頭，每到了秋涼的時候，一直到春天來臨之前，就在那個人來人往、車輛川流不息的大馬路轉角處，有一個很安靜很安靜的阿伯，用一個直立的大鐵桶烘烤熱騰騰、香噴噴的臺灣蕃薯。

記憶中，常常是在十二月冷冷的冬天，我會期待著走路靠近這個大鐵桶，因爲木炭的香味伴隨著蕃薯的甜味，可能也因爲咕嚕咕嚕叫的肚子。就這樣，一年又一年的冬天，阿伯變成了老爺爺，但是那個轉角的烘烤新鮮蕃薯的香味，卻一直都沒有改變……

「啊～我知道了！」從記憶的畫面裡翻身醒來，五十二歲的這個早晨，我忽然感覺到自己，不是一個多麼厲害的心理治療師，不是一個多麼吸引人的工作坊講師。我好像知道了，大小剛剛好的知道了……關於陪伴這件事，我就是這個在轉角處、安靜的用樸實無華的鐵桶烘烤新鮮蕃薯的阿伯（筆行至此，淚整串滑下）。

我不是那種大量生產臺東名產炸蕃薯片的名店。

也不是那個百貨公司或大賣場都會有坪數很大的、引領潮流便宜又好穿的UNIQLO。

我好像就喜歡這樣的安靜，在這樣的轉角，用樸實的鐵桶，用很土地的根莖類食材，慢慢慢慢烘烤散發一絲暖意。這個知道，在找尋內在湧泉的路途裡，是個挺關鍵的指示牌。

有一回，在工作坊的星期日早晨，我這樣開場：

「助人工作者陪伴眼前的人，其中一個美麗的任務是：陪著眼前的孩子找到『深愛自己的理由』。難就難在，助人工作者自己要先找到。因爲自己先找到了，於是才能眞材實料的陪著眼前的孩子，一步一腳印找到。

一個孩子如果找到了『深愛自己的理由』，就不容易執著於堅持要看著自己生命的不足，然後困在孤單失落不喜歡不高興。我有時候會覺得，人的缺點可以像天上的星星一樣多，但是深愛自己的理由可以像太陽一樣，雖然只有一個，卻是生命綻放與不放棄的源頭。

只是啊，要找到『深愛自己的理由』，因爲太核心，一下子不容易抓到。那怎麼辦？可以從找回『想念的自己』著手入門。當想念的自己一個找回來了，兩個找回來了，三個四個都找回來了，哎呀，忽然一瞬間，『深愛自己的理由』就找到了。」

從「想念的自己」拾回「深愛自己」的理由

工作坊的現場，有時候透過閉上眼睛的引導冥想裡，有時候透過使用的媒材，像是紅花卡（表達性藝術治療媒材）或嗨卡四（隱喻探索問句卡），成員們在三人小組裡，一邊靠近自己也一邊找回一個兩個想念的自己，像是……

「有一點傻勁兒。」

「其實眞的很善良的我。」

「安靜與凝視的眼睛。」

有些朋友找到了的是……

「我知道我帶著愛而來。」

「我能打開心的入口，也眞心愛人。」

「就算很挫折很失望很傷心，不知從哪兒來的樂觀還是依然有明亮的信心～」

於是啊，當這些喜歡的自己、想念的自己一個個找回來，那心中的「深愛自己的理由」也在深呼吸裡緩慢卻堅定的握在手心了，像是：

「我就是一個善良可愛的小東西～」或是

「我的溫柔可以愛一個人到很深的地方，同時帶來滋養，眞喜歡可以在陪伴人的過程中活在感動裡。」

這個時候，只要加一個小小的可愛的隱喻觸發步驟，你就可以走到剛剛一開始哈克發現自己的那裡，發現原來自己喜歡當一個「轉角處用鐵桶烘烤蕃薯的阿北」的那裡。來，很簡單喲～

助人工作者的自我認同隱喻

閉上眼睛，親愛的自己，接下來六分鐘或八分鐘，有個好機會，來更靠近自己，也照顧自己，一起來想想，來感覺，這樣的想念的自己，這樣的深愛自己的理由，「……（例如，真喜歡活在感動裡）」，如果來用一個隱喻或一個比喻來形容，會像是什麼呢？

可以是大自然的現象，風啊雲啊雨啊，也可以是動物，大動物小動物天上飛的地上走的都可以，也可以是植物，大樹小花，都可以，也可以是任何想到的物品……這樣的深愛的自己，會像什麼呢?!

用自己需要的所有的時間所有的空間，你可以用右手，或左手，摸著心口，也可以摸摸耳垂下方的自己的脖子輕輕往下滑，然後自然的滑過心口，碰觸到肚臍，很好，順時針摸摸自己可愛的肚子，很好……這樣的自己，如果用一個隱喻來說，會像什麼呢……

對～很好，接近著自己，感受著自己，如果心裡有看到像什麼，用手比比看，那是什麼形狀呢？大小呢，多大，多小，喔～這樣的形狀大小啊！觸感呢？摸起來怎麼樣，旁邊有聲音嗎？真好，用自己的速度靠近著碰觸著，終於啊，又更懂了自己一點點，找到了。

在這樣的小活動裡，說不定，一次兩次或三次，練習又練習，可能在清晨的剛醒的床上，可能是週末的星巴克帶著無線耳機的時光，有一個時刻，你自然又有感覺的，擁有了屬於自己很有力量的助人工作「自我認同隱喻畫面」。

我有時候會想，這麼些年下來，喜歡這個用鐵桶烘烤蕃薯的轉角的朋友們，可能因爲感受過被溫暖塡飽肚子的感覺，後來就到了不同的村落、不同的城鎮、不同的都市裡，也開了小小的店面……可能專門賣親手織的圍巾和合身的羽絨外套，可能是一個可愛極了的薑汁豆花店。也可能發現除了店名，還加上貼著心跳的形容，像是……

「一個美髮師有份好手藝，婚後爲了兼顧家庭**將家裡院子改造爲美髮店**。喜歡只做預約，一次只服務一個客人。那像是陪伴客人也像是幫忙看看有無其他可能性的時刻，是美髮師很喜歡的時光。」

「心裡浮現了好幾個呦～可能是，專門**賣笑聲的彈珠店**，可能是，專門**賣快樂的雜**

貨糖果店，可能是**專門賣思念的明信片店**。」

「擺路邊攤賣麵的婦人，傍晚開始在路邊擺攤賣麵，點著暖暖燈光燈籠的攤位，幾張桌椅，平實的價位，讓剛剛下班或剛加班完疲憊的人們可以飽餐一頓。偶爾幾句溫暖的問候、笑容與看見，給出最簡單、眞誠、樸實的愛～」

「那是一家背包客棧，專門**收集各方故事**，**再把精采傳遞出去的背包客棧！**」

「我想像我自己開了一間有各式燈具的小店，燈都不大，有立燈有桌燈。總覺得好像看見我坐在店裡，朝著進來的人微笑說：**『你好啊～選一盞回家吧**，暖暖的陪你。』」

說不定啊，他們或她們在秋去春來之間，帶給了某個角落一份和烤蕃薯很像其實也很不一樣的溫暖。親愛的朋友，身爲一個陪伴者或助人工作者，你覺得自己像什麼呢？

找到自己喜歡的陪伴模樣像什麼，好像就不會過度的扭曲自己、過分的壓榨自己、過頭的砥礪磨損自己，於是，大小剛好，容量挺好，那一份陪伴的能量似乎就有了順暢的可能，於是，**內在湧泉**，**那渠道就眞的挖鑿順暢**了起來。

於是，說不定可以更長又更久，像穩定的漣漪一樣，把暖意傳出去，又傳出去，然後有一天，你也找到了自己的轉角處，散發著香味和暖意，當一個新的源頭，一個美麗的「找到深愛自己的理由」的下一個源頭。

附錄——〈小鐵匠的故事〉對答案

我深呼吸一口氣，心裡想著，哎呀！因爲省略了表層禮貌和沒有必要的詢問，小鐵匠這「充滿活力的用行動直接回應」（這，也是帶著祝福的命名），就像是按了一個直通鍵似的，沒有阻礙的直達生活中最直接的需要了，這樣的沒有阻礙，感覺好暢快。

眼前的年輕鐵匠是個大約二十出頭的大男生，厚實的身體配上很單純的眼神，年紀雖然很輕，動作卻十分熟練，一根長長的木棍在短短的不到兩分鐘的時間，刀起刀落鐵錘猛力扎實撞擊又撞擊……撞擊又撞擊……撞擊又撞擊，木棍逐漸量身定做的鑲嵌進去，成爲穩固連結鋤頭的一部份，那揮舞的壯碩手臂，搭配上極其專注的眼神，我看得入神，心裡驚呼：「這是一門技藝啊！」（這是帶著祝福的命名）

小鐵匠那猛力的揮動，需要多少時間的熟練，然後加上多少對自己對時空的一份信賴（這是帶著祝福的命名）。那單純專注的眼神，多麼的樸質而素雅簡單（這是帶著祝福的命名）。是啊，眞的像是一部文學作品啊，這個文學作品在遼闊的東海岸裡，存在於「噹啷～噹啷～噹啷～」的節奏裡。

眞喜歡話語精簡的年輕鐵匠師傅說的話語：「這樣才找得到。」那是和土地好好連結之後，才有的樸實和精簡。（這，也是帶著祝福的命名）

Eurasian Publishing Group
圓神出版事業機構
用心與你對話．視野無限寬廣
究竟出版社
Athena Press
www.booklife.com.tw
reader@mail.eurasian.com.tw

心理 079

陪伴心理學

作　　者／黃士鈞（哈克）
發 行 人／簡志忠
出 版 者／究竟出版社股份有限公司
地　　址／臺北市南京東路四段50號6樓之1
電　　話／（02）2579-6600・2579-8800・2570-3939
傳　　真／（02）2579-0338・2577-3220・2570-3636
副 社 長／陳秋月
副總編輯／賴良珠
責任編輯／徐彩嫦
校　　對／詹子瑩・賴雅蘋・徐彩嫦・林雅萩
美術編輯／金益健
行銷企畫／陳禹伶・朱智琳
印務統籌／劉鳳剛・高榮祥
監　　印／高榮祥
排　　版／陳采淇
經 銷 商／叩應股份有限公司
郵撥帳號／ 18707239
法律顧問／圓神出版事業機構法律顧問　蕭雄淋律師
印　　刷／祥峯印刷廠
2022年12月　初版
2024年7月　7刷

定價 360 元　ISBN 978-986-137-391-1

法蘭西斯表示，自己以前「太用力抓著事物不放」，
結果那些事物離他而去時，他會生自己的氣。
透過園藝，他找到對生命「更深一層的了解」，
習慣「事物會來來去去的現實」，
也不再對自己這麼憤怒了。

——蘇·史都華—史密斯《你的心，就讓植物來療癒》

國家圖書館出版品預行編目資料

陪伴心理學／黃士鈞（哈克）著
-- 初版 -- 臺北市：究竟出版社股份有限公司， 2022.12
288面；14.8×20.8公分. --（心理：79）
ISBN 978-986-137-391-1（平裝）

1.CST: 心理學

170　　111017158